楞嚴大義

修訂本

達照 著

上海古籍出版社

图书在版编目(CIP)数据

楞严大义 / 达照著. —修订本. —上海：上海古
籍出版社,2018.8（2025.4重印）
（佛典新读）
ISBN 978-7-5325-8940-1

Ⅰ.①楞… Ⅱ.①达… Ⅲ.①大乘—佛经—研究
Ⅳ.①B942.1

中国版本图书馆 CIP 数据核字（2018）第 152524 号

楞严大义（修订本）

达　照　著

上海古籍出版社出版、发行

（上海市闵行区号景路159弄1–5号A座5F 邮政编码201101）

（1）网址：www.guji.com.cn

（2）E-mail：guji1@guji.com.cn

（3）易文网网址：www.ewen.co

上海展强印刷有限公司印刷

开本 890×1240　1/32　印张 9.125　插页 5　字数 161,000

2018 年 8 月第 1 版　2025 年 4 月第 5 次印刷

印数：17,651—19,150

ISBN 978-7-5325-8940-1

B·1068　定价：42.00 元

如有质量问题,请与承印公司联系

电话：021-66366565

自　序

　　记得刚出家的时候，有一天去温州江心寺玩，游逛到佛经流通处，看到了那么多的佛经法宝，有些是通俗读物，有些是精装本的佛经。虽然很想请几本经书回来学习学习，但是当时对佛法的基本认识都很浅薄，一下子竟然不知道该请什么书好！看来看去，打量着这些书的装帧和里面印刷的字体，就是不知道哪些书的内容最符合我的需要。

　　想起来小时候家里曾经请过出家师父来做佛事，念了一天的《大乘经》（我们家乡老人们都把《妙法莲华经》叫作《大乘经》），给我留下了很深的印象。所以我看到流通处有一套三本装的《大乘经》感觉面熟，就想请一套回来也抽空诵诵经，又感觉其他经典也应该请一部回来读诵，看到有上下册的《大佛顶首楞严经》，觉得应该很不错。感觉除了《大乘经》以外，就只有那部《楞严经》部头最大了，其余的经典都是小小本子的，或者薄薄的一册。估计也是一种贪心作怪，或者是过去世已经结了楞严缘也未可知，于是就决定请这部《楞严经》回来。

请到了《楞严经》之后，顿感满心欢喜！二十五年过去了，现在依然在记忆深处清晰地浮现着：一路上其他的任何景点、路况、同行、坐车、渡船、颠簸全部忘记了，唯独记得自己把《楞严经》抱在怀里，时不时翻出来看一下，一直高兴、一直激动，一直把它当作宝贝。回到灵德寺之后，把它供奉在楼上的经柜里，每天请出来跪在大殿的佛像前读诵一卷，这样坚持了一年多时间。因为自己昏沉比较重，跪在软垫的蒲团上容易瞌睡，所以索性把软垫去掉，直接跪在拜凳的硬板上诵经，这也是在惩罚自己的懈怠啊！

初读《楞严》前面四卷左右，总能感觉到自己也参与其中，与阿难尊者一起恭请佛陀开示，对佛陀的开示也能隐隐约约地深信不疑，不过经文到底说了些什么内容，还是不能真正领悟。对后面六卷的内容就感觉特别陌生，好像是看着佛菩萨罗汉们在讨论问题，而自己根本无法参与其中了。这是今生最初结下的楞严缘。

一九九三年从南京栖霞山佛学院毕业之后，我就去温州大罗山住山专修，当时决意打坐用功，把一切知识理论通通放下，想对自己的生死大事作一番彻底的功夫，所以随身除了必要的换洗衣物和被铺之外，别无他物。但不自觉地带上了一本宣化上人讲述的《楞严经浅释》。厚厚的一大本精装书，伴随着我那段山野生涯的朝朝暮暮。因为除了此书之外更无别书可看，所以对《楞严经浅释》反复阅读，很多内容都感觉自己能够理解。也因此，在整个住山专修期间，身心安康，进展顺利。用宣化上人的话说，《楞严经》就是修行路上的照妖镜，一切妖魔鬼怪、邪魔外道都不会前来干扰。

后来在中国佛学院上学，凡是看到《楞严经》相关的资料，一定都会收藏一份。到了毕业后去普陀山方便闭关时，带了三十多种相关的注疏和解释，专门腾出一个书架来安放楞严资料。在茶余饭后还能够与学院的法师们座谈讨论《楞严经》的思想理论，也是受益匪浅。

应瑞安众居士的邀请，于二〇〇六年开始在岑岐宝坛寺开讲《楞严演义》，总共讲了三百多个小时；二〇〇八年到广东博罗天堂山讲《楞严大义》三天，以及两次为北大总裁班讲授《楞严选讲》，各历时三天，也算是广结楞严法缘了。

这次出版的《楞严大义》是根据二〇〇八年的讲课录音整理而成，将演讲时没有分段、没有章节的录文，按照内容编辑了章节段落，使读者能够更加清晰地了解全书的思想脉络，以便于指导佛法修学的前后顺序。虽然只是一个简短的大概要义，却也呈现出汉传佛教禅法修证的次第所在。

近年来，在汉传佛教的弘扬过程中，出现了诸多现象——有的是如法如律弘法利生，有的是宗教搭台经济唱戏，有的人道心坚固无我利他，有的人浑水摸鱼趁火打劫，真可谓"几家欢喜几家愁"！虚云老和尚当年曾经感叹："末法无端，为何出头？嗟兹圣脉，一发危秋！"由于众所周知的历史原因和社会发展过程中出现的各种因素，汉传佛教正面临着一场巨大的变革，真正缺乏的是人才师资、因应国际思维习惯的理论体系和操作方法、如理如法的僧团，这些都直接影响着汉传佛教的自利利他的佛法功能。

十年前思考的问题，面对"出离汉传佛教现象"，至今依然没有得到根本的解决。而无论是藏传佛教，还是南传佛教，都对我具有莫大的吸引力。仔细研究，藏传和南传佛教的优势或者弘法的方式，在汉传佛教当中也都具备，只是没有人去加以"契理契机"地运用和弘扬而已！文化的多元性和人性的劣根性相互参杂，使整个汉传佛教的大厦变得岌岌可危，许多学人道听途说，莫衷一是，这不得不令人担忧！

而在"出离汉传佛教现象"中，最大的问题和最突出的现象，就是修行次第和对师资信心的问题。藏传佛教有着严格的修学次第和完备的师资队伍，南传佛教也是以实修实证和简明有效的方法而赢得了信众的身心皈依，这在目前汉传佛教僧团中却是个严重的缺失；加上人们对于神秘现象和实用主义的向往，导致了许多原先在汉传佛教皈依或出家的三宝弟子，反而更加仰慕或直接依止了藏传和南传，最终形成了出离汉传佛教的现象。

对于汉传佛教的理论与实践相结合方面的思考和实践，是有助于提高当前修学佛法者实际受用的关键所在。汉传佛教的天台宗，历史上被称为"教观并重、定慧等持"的理论与实践完美结合的宗派，对于修行的次第和方法也都有其非常具体的安排。如果用现代的语言方式进行阐述，一定会使学人受益良多。古人说"开悟的《楞严》、成佛的《法华》"。在《楞严经》中也有完整的修证次第，从见道、修道、证道的循序渐进，到宇宙人生的成住坏空、生住异灭、因缘法则、轮回涅槃、业感解脱等等问题的深入解说和详细描述。对于重视科学态度和想要修证的人来说，这实在是一部难能可贵的大乘宝典。同时也期盼更多的四众弟子来共同弘扬佛法，把汉传佛教中关于修行次第的理论和方法大量挖掘出来，并运用在僧团的日常管理和修行指导上，也运用在人才培养和居士培训方面，这才能够真正起到弘法利生、续佛慧命的作用。

所以，本书的框架就是以《楞严经》中的修学次第为脉络，尽量用通俗易懂的语言来表达汉传佛教的修学内容，以期学人能够从每一个环节中得到直接的启示！或者领悟佛法的正知正见，或者掌握实修的如理如法，或者明白证悟的深浅次第，或者宏观宇宙万有之生机，或者微观内心无我之一念。若觉悟本真，了达见性，则纲举目张，证体起用。

　　当前正处在人类地球村和世界文化共享的历史时期，东西方文化和民族宗教不断碰撞乃至融合，古今中外教派学派得以延续和复兴，政治经济、人文科技、宗教哲学全面发展，这正是世界文化的大融合、大发展、大繁荣的机遇。汉传佛教如果能够秉持独特不共世间的"第一义谛"而方便容纳人类的所有文明，以"契理契机"作为弘扬佛法的准则，就一定能够走出困境，步上人类文明的新巅峰。

　　如来妙法，深广无涯；众生慧命，体用无边。依理设教，方便多途；随机接引，巧说莫穷。普愿见闻者，悉发菩提心；尽此一报身，誓度一切人！

莲照

写于天圣山安福寺

二〇一三年十一月六日

目　录

引　言

　　在佛教的三藏十二部经典中，《楞严经》是非常重要的一部经典。古人讲：成佛的《法华》、开悟的《楞严》。《楞严经》的主要内容是讲述如何开悟，悟后如何起修直至成佛。这么大的一部经典，在其他地方讲三年都讲不完，而现在要浓缩起来用三天时间给大家讲，所以内容相当丰富。《楞严经》的主要思想脉络贯穿于见道、修道、证道三个部分。

　　《楞严经》一共十卷。前面四卷是讲见道，就是讲如何明白我们的真心，看到我们的真心。五六两卷，包括第七卷的一部分是讲修道，就是讲见道以后开始起修。七八两卷讲证道，就是讲修了以后的结果，结果有什么区别：小的修行就有小的结果，大的修行有大的结果，因果是同时的。九卷、十卷特别强调七趣，即六道轮回加神仙道，介绍了七趣的详细情况，再讲了我们修道过程中出现的五十种阴魔。第十卷的最后，佛陀再三劝我们要发起强烈的菩提心，因为菩提心是动力，只有具足了动力，这条路才能走下去。整部《楞严经》围绕的就是从凡夫到成佛这样一条道路。

我们分三个部分讲：第一章给大家讲如何见道，第二章讲修道，第三章讲证道。

第一章　见道

第一节　经题

见道部分是讲《楞严经》讲法的缘起，以及如何见道。

首先给大家介绍一下《楞严经》的经题。经题全称为《大佛顶如来密因修证了义诸菩萨万行首楞严经》，简称为《大佛顶首楞严经》。这个全称实际上包含了三藏十二部经典一切佛法的精要。佛法告诉我们的是成佛的方法，而如何成佛，首先要认识到"佛是什么"，以及从我们凡夫的心、烦恼的心出发一直到成佛的过程当中需要经历如何的修证。诸菩萨万行，就是指从凡夫到成佛的过程需要经历的修证。

"首楞严"，翻译成汉字为"一切事究竟坚固"。大家看现实的人生世界中，有哪件事情是坚固的？遍观眼、耳、鼻、舌、身、意，以及外界的色、声、香、味、触、法，根尘相对产生的一切意识分别，没有一件事情是坚固的。但是佛陀告诉我们：在这一切事的背后，蕴含着最为广大、圆满、究竟的真理，这个真理就是我们的心性，它是永远没有生灭、不会破坏的。《楞严经》就是围绕我们的性净明体——常住真心而展开，所以题目就直接点示了我们的常住真心，叫"一切事究竟坚固"。

这个"一切事究竟坚固"有什么作用？"首楞严"，又翻译成"大白伞盖"，它是护佑我们一切身心不受伤害的一个表法。我们知道，太阳出来很骄热的时候，我们拿着伞盖可以遮阳；下雨的时候，伞盖可以给我们避雨。"首楞严"，就是九法界众生任何一种心态、任何一种身份和地位，都能得到保护的这样一个妙法。我们在几十年的人生当中，都能感受到很多的不如意、不自在。放眼看去，六道四生无一乐处，特别是三恶道众生生起的贪欲、嗔恨、愚痴，令其卷入无尽的烦恼和痛苦中，只有我们的真心随时都在保护着我们，哪怕是堕入地狱之中，都不会被真正伤害。我们在轮回当中感受到痛苦、烦恼，实际上是忘失了自己的真心。可是我们的真心一直没有离开我们：上天堂，它在天堂护佑着我们，下地狱，它在地狱里护佑着我们，始终不离。

可是我们平常却忘记了自己的真心，所以佛陀要给我们讲《楞严经》。特别是在现实生活中，当处于烦恼之中时，我们的心被贪欲、嗔恨两大魔头纠结起来了。我们集中了所有的烦恼构成五蕴，这等于蕴含了一切烦恼作为动力，再来生活。所以整个轮回，它的本质就是痛苦的。我们现在如果回光返照，就看到自己身心的两大魔头：嗔心所构成的叫强魔，很强硬、很刚强、难以调伏，它是一种强硬的表现；贪心所构成的叫软魔，当贪欲心生起来，比如说想吃东西了，会流口水，它是一种软弱的表现。由这两大魔头主导，构成了轮回中一切业的动力，而业的背后，贪嗔的背后，就是强大的我执。后面我们讲见道，就是要破除我执。

第二节　《楞严经》的缘起

我们看《楞严经》：因为阿难不入僧众，独自去行乞、化缘，结果遇到摩登伽女的先梵天咒，为邪咒所摄，将赴淫席。这时候世尊知道阿难可能要遭殃了，就宣说《楞严咒》，敕文殊菩萨去救阿难。文殊菩萨持《楞严咒》过去，把阿难和摩登伽女一起领到了佛前。佛陀就在此时开启了楞严大法之缘。由此可见，《楞严经》的缘起比较独特。

我们在正式修道之前，需要有修行的基础。如果修行的基础不牢固，哪怕你学了很多的教理，懂了很多的道理，在现实的身心当中并不能起到真正的作用。阿难一向多闻，在佛弟子当中是"多闻第一"，凡是佛讲过的一切法，他都能够记住。阿难是在佛成道十二年以后才出家的，在他没有出家前的十二年中佛讲过的法，佛还要单独为阿难重复讲一次，所以说，佛陀是特别把教法的内容传给阿难，由阿难传持教法。阿难的记忆力非常好，称为"一遍记"，跟录音机差不多。他有这样的基础，遇到了逆缘却不能自拔。阿难说，因为自己虽得多闻，未全道力，所以为淫心所动，被邪咒所摄持。

整个佛法的修道次第有其规律，如果没有修行的基础，那就需要培养基础——重视听闻，重视打坐，重视实修。基础不牢的人，往往急于求成，他打坐的境界越高，越容易出问题，因为他基础不牢，德行不固啊！没有德行，品行不够，动力不强，目标不明确，都容易导致半途而废，得少为足。

第三节　修行基础的五要素

《楞严经》的缘起告诉我们五个道理。

一、如量地皈依三宝

首先，为什么阿难尊者遇到邪咒时，他自己学的教法起不了作用？因为他对三宝生起的信心和信念不足。大家就奇怪了，他是佛的常随侍者，对三宝的信心怎么还会不足。我们以为自己是三宝弟子——"我已经皈依过了"，但是你皈依过了，是否就具足皈依的量了？这不一定。

皈依三宝是什么意思呢？"皈"是归宿，是返黑为白；"依"是依靠、依赖。皈依的意思，就是我们整个生命都归靠在三宝之中。凡是在现实生活中遇到的一切烦恼、一切困难、一切需要解决的问题，首先想到由三宝来解决，把身心融入于三宝之中，有没有？不要说遇到重大的打击和困难，哪怕是一点小小的情感，或是某个人对你好一点、差一点，分别心一生起来，都会把三宝抛于脑后，都无法把心安住于三宝之中。所以，皈依并不是一次仪式就解决问题，而是要在每时每刻具足皈依的量。通过一次皈依仪式，确定自己是三宝弟子，这只是如法。仅仅如法还不够，还要如量。这就像煮饭一样，把水放进去，米放进去，下面火烧起来，这是如法，但是如果火候不到，就是量达不到，饭是没法吃的。皈依三宝也是如此。

我们看看自己心中，是否把三宝作为自己生命的归宿和依靠？反省一下，在平时的待人接物、起心动念中，有没有把三宝作为自己人生的依靠？佛是觉者，我们有没有觉而不迷？法是正者，我们有没有正而不邪？僧是净者，净而不染，我们有没有把清净无染的心，作为自己整个生命的依靠？如果达到了这样的量，皈依三宝我们就已经做到了。实际上这不是我们想一次两次就能做到的，因为有无量劫以来的习气串流，像洪水一样地冲过来。我们必须时时看到，三宝始终是真正的依靠，就像苦海中的灯塔一般。有这样的心生起来了，哪怕打坐腿痛，痛起来很难受，我们心里应该想到要更加精进地持咒。因为这是法，我就依靠这个法，而不去感受这个痛，痛死了也不去管它，痛就对你没有任何障碍了。在生活中，不管是你心情不错也好，遇到困难心情沮丧也好，只有这样的心生起来，你皈依的量才算具足了。

阿难遇到了邪咒，马上不能自持，晕乎乎地就跟着走了。实际上在那个时候，他在心中忘记了忆念三宝。大家记住：如果你遇到了情感上的问题，只要你起心动念，觉得心快跟着情感跑了，你马上把三宝提起来，安住于三宝，一切灾难就会完全消失。那种带来烦恼的情感、情绪，马上能得到控制，得到转化，得到升华。你不会厌恶它，不会跟着它跑，不会做出错误的事情。这是至关重要的。阿难对三宝皈依的量还不够，当遇到邪咒，结果就可想而知了。

二、出离心和菩提心

第二点是发心。发心，就是发勇猛的出离心和菩提心。我们看一看，自己有没有生起决定要了生死、决定要成就菩提的心？

决定了生死，意味着我们在心中，要舍弃现实的一切生死烦恼，这就是第一种发心——出离心。凡所有相皆是虚妄，凡所有相皆是无常。看到现实的这一切都是无常、败坏、不安之相，当生起出离心的时候，我们的心中是不会被世间的任何一尘所污染的。当然，这也不是一次就能"大事已办"的，而是要经过长期地模拟、训练。我们可以不停地去感受，把我们这颗心，我们现在能感受到的、对这个世界贪着的这颗心彻底放下。自己所贪着的是世间的哪一种法？是色、声、香、味、触，还是眼、耳、鼻、舌、身、意？外在的山河大地、物质世界和内在的精神世界，都是生死的五蕴之法，都是生灭法。我们想了生死，就要下定决心，命令自己必须舍弃这一切。

大家平时是不是感觉很苦啊？生活在轮回当中，确实有很多的苦恼。就像一个小孩子，他看到火炭烧得很红、很漂亮，于是就去抓，抓起来的时候手被烫了。大人告诉他，你赶紧把火炭扔掉，可是他觉得很漂亮，舍不得扔，还是要抓住。这样做只有一个结果，就是被它烫，没有第二个结果。对于世间的一切五欲六尘，我们想把它抓住，抓住以后只有痛苦，没有快乐。所谓快乐，就是你觉得它好，抓住后自己一厢情愿感觉到很快乐。那种感觉就像小孩子认为火炭很漂亮，抓住它会快乐。实际上有没有快乐呢？一点快乐都没有！

我们看一看，如果修行基础建立起来了，在我们心中把现在对于世间一切万法的贪着全部舍弃，强行地命令自己：这一切既然是生灭法，我不能在心中留住，哪怕是一粒灰尘、一个妄想都不能留住。因为只要你留住，这就是你生死的根，最终继续让你轮回。你贪着这个色相，这个色相会让你继续轮回；你贪着一种情绪，就被这种情绪束缚住而继续轮回。其实永远轮回下去的，就是我们这颗妄想的心。

我们要学会生起出离心。真正的出离心，不只是嘴上说一说，"哦，我要了生死，这个苦海很苦"，说完了，心里根本就没有觉得苦海有多苦。这样怎么能了生死呢？而是要生起强烈的出离心，真切地认识到，这个世间的一切无非就是苦因苦果。我们心里面要生起这种感受——不是理论，也不是语言，更不是文字，而是觉得"我不要这个世界，也不要所谓的一切思想"，特别是"不为自己去求世间这一切"。你们不要说：经书我是要的，经书讲的法很好。你所体会的经书里面的语言、文字、思想，全部都是生灭凡夫心的理解。经文的真正涵义，是没有生灭的，是必须舍弃凡夫的受、想、行、识，对于一切分别都是如此。我们现在观照一下自己的心，把自己这颗心和外物全部舍弃，这样才跟出离心相应。

有了这样一种心，平时你再不停地去训练自己，让自己的心不受世间束缚。一旦这种感觉生起来，无论你遇到任何灾难、任何困难，都可以在千斤重担之下脱离——虎口脱险。因为一旦你舍弃了这一切，当老虎张着嘴巴要咬了，它咬下来的是空而不是你。如果你正处于痛苦之中，这痛苦就像是老虎一样咬住你了，你可以观想一下：你心里已经舍弃了这个世界，舍弃了所追求的一切，五欲六尘全部放下了。这时候你回光返照看一下自己的心：事实上在这时候，世间没有哪个人、哪件事能够咬得住你，无论是多大的压力也压不到你身上，只是呈现事情本身的因缘果报而已。

我们生起出离心就要具足这样的量。如果具足了这样的量，就不会为情感纠缠而感到痛苦，也不会为其他的欲望纠缠而感到痛苦，更不会为学习佛法、学习世间的其他知识而感到痛苦，因为你的心已经恢复到了不受压力的健康状态。这样的出离心是我们强大的动力。如果你心中没有想出离的意识，没有想出离的心，就会习惯于对世间很多东西产生执着。实际上，世间的五欲是一种习惯。我们习惯这样好、那样好，像有些人习惯吃辣椒，没有辣椒饭吃不下去，而有些人就讨厌吃辣椒，有辣椒饭就吃不下去。为什么会这样呢？因为习惯。所以，世间所谓的快乐只是习惯不同，并没有真正的快乐可言。

我们现在在这里，把世间的一切法全部舍弃，无论出现什么情景，我们的心都是寂静安然的，都不会有动摇，随时随处都可以是这样，这就是出离心。阿难尊者的出离心如果非常明确，闻思来的教理就不仅仅是在记忆当中，而是在感受的当下。我们平时要观察自己的心，如果你学来的知识跟现实的心行脱节了，你的感受就会顺其自然地随着习惯。摩登伽女跟阿难过去五百世都是恩爱夫妻，没有矛盾，所以当阿难见到摩登伽女的时候，就自然随着过去的习惯而被吸引了。那《娑毗迦罗先梵天咒》啊，只是令他迷糊一下，实际上是由于过去世无量劫的串习到今天，他抵挡不住。假如他的出离心非常明确，舍弃了世间这一切，那么，恩爱、情感这一切在他心行当中构不成障碍，他可以看到她感觉很顺眼、很舒服，而不会被她所纠缠。这是根本的区别。我们如果发起了慈悲心，对一切众生都不会看不顺眼，同时也不会被一切众生所干扰。

　　第二种发心是菩提心。菩提心是我们修行真正的动力。菩提心就是：我看到了现实轮回的痛苦，我要舍弃这些生灭轮回；当我想舍弃的时候，我也同时希望，一切众生都能舍弃这样的痛苦，把自己的出离心扩散到九法界众生的身上。就在此时此刻，我们观想一下：我不需要五欲六尘，把五欲六尘舍弃了。你再感受一下自己的心，观照当下自己这个没有任何一丝想追求世间事物的心，然后把这种舍弃一切的感受，扩散到一切众生身上。当这个感受生起来，你就体会到所有众生的生死痛苦都需要解脱，这就是同体大悲。你内心感受到了空灵，希望一切众生都同样感受到空灵。这种觉受的力量非常强大，哪怕是仇人在你面前，你也生不起半点嗔恨；哪怕是爱人在你面前，你也生不起半点的贪欲。因为大家都需要解脱，都需要证菩提。而这种情感，在你的菩提心生起来的时候，完全转化成为大慈悲心。所以说，慈悲心的前提就是平等心，只有"我与众生都舍弃我执"这样的平等心生起来了，我们的菩提心才算真正发起。

所以大家要安住于这种菩提心之中，不停地感受、不停地模仿，让自己的出离心和菩提心成为一种串习。串习就是排队。我们买票的时候队排得很长，一个一个接上去；我们现在让自己的心念也像排队一样，而这是排菩提心的队。从出离心发起要成就菩提的心，每一个念头都不忘失出离心和菩提心，那我们就随时随处都在菩提道上。

我们一天打坐的时间可能只有两个小时，可是一天干活的时间、走路的时间、谈话的时间、睡觉的时间，远远超过打坐的时间。如果每天如法安住的时间只有两个小时，而另外二十二个小时不如法安住，这个队就排得一点力量都没有。你这边只有两个人排队，人家是二十二个人在排队，你再排两个人，接着又是二十二个其他人在后面，那么你这边能有多少力量呢？所以我们要学会让自己的这种动力——要舍弃一切轮回生死法的"出离心"和要利益一切众生、要成佛的"菩提心"成为每件事情的动力。大家现在听课，是这个动力在作用；要明心见性，要成就菩提，也是这个动力在作用；我们吃饭同样是为了修行解脱，为了利益众生，也是这个动力在推动；我们跟某个人讲话，是为了帮助他，为了自他都能得到解脱，也是以成就众生为动力；包括建寺院、当义工、跟别人打招呼等等，所有一切行为都是为了与人结缘，让他们今后有机会接触佛法，都是这个动力的作用。当我们把出离心和菩提心作为整个生命的动力时，就不会退转。

很多居士修行，在两三个月、半年以内是很精进的，一年以后就是老牛拖破车了，拖两步退两步，拖三步退四步。为什么会这样呢？因为你的动力没有了。为什么拖拉机开得慢，宝马开得快？宝马动力好。那么修行路上，你的动力在哪里？修行的动力要是没有了，怎么可能进步呢？所以，我们要把出离心和菩提心，作为成佛路上真正的动力。如果一个人有出离心，却没有菩提心，他在现实中修行非常精进，赶紧要了生死，可是一旦他体会到了无我涅槃，从此潇洒人生走一回，就再也没有动力了，因为他没有想到要利益广大的众生。而当一个人的菩提心生起来时，即使他已经证得无我涅槃，他一定是："将此深心奉尘刹，是则名为报佛恩，如一众生未成佛，终不于此取泥洹"，"哪怕是一只蚂蚁还未成佛，我都要生生世世为它去努力"。这样的动力永远不会停歇，不会停止。

　　所以有些人在修道路上障碍多、进步不了的，打坐坐了又不想坐的，学习佛法学了又不想学、感觉没劲的，都是因为自己的动力出问题了。有些人出家修行开始是想解脱、想成佛，学了几年以后，反而去上社会大学了，学社会知识、学外语、学语文。如果他的动力不是菩提心，学了以后不是想更好地利益众生，而是因为在佛法里学得没劲了，那他在修行路上就会出问题。就像机器，本来加着油，现在油加不上去了，给它加水了，机器就被破坏了，永远开不动。所以，我们如果对三宝没有时时刻刻归宿、皈依的心，在修道路上就会迷失方向，会慌张起来，茫然不知所措。

　　有些人修了三年以后问师父：我以后该怎么办？未来不知道会怎么样？其实，你观察自己的言行举止、起心动念，看看自己的心是否已经背离了三宝，背离了觉、正、净。你随时都要把心调节在对三宝的信心上，这是我们的灯塔。看到灯塔，你的心就安了——不论你做得好与不好，进步是快还是慢，目标永远在那里。自心即是佛，要明心见性，要成佛，这成佛的灯塔我们永远不要放弃。只要不放弃，我们在修道过程中无论遇到了什么灾难、什么障碍，内心一定不会茫然，一定会想尽办法让自己回归到修行路上来，然后继续不停地增强自己内在的出离心和菩提心。这需要随时去感受，你不去感受是没有用的。

　　我们也看了很多佛教的书，有些出家人在佛学院学了很多的教理，听懂了很多法，但是你的出离心和菩提心是否落实在自己的心行当中了？你听闻的教理是否落实在心行当中了？你是否还是沉湎于原来像野生的树那样，上面旁逸斜出很多枝枝杈杈、长得弯来扭去的那种状态中？一旦你落实了，有感受了，才算学到家了，你的闻思算是到位了。

　　开始修行时，动力在我们心中非常明确——看到轮回苦，看到烦恼生起来的根源在于我执，在于对世间的执着太重，所以要模仿训练让自己放下。有些人说，放下谈何容易啊！其实我们当前这颗心，一天总有那么几分钟是没有事的，哪怕上班之前在办公室坐两分钟，让自己感受一下"我要出离，要解脱，要利益一切众生"。你就在心行中感受出离心和菩提心。

　　心密修法之前有仪规。首先念"南无咕噜呗，南无布达雅，南无达尔玛雅，南无僧伽雅"，这是皈依三宝，对三宝生起信心。你不只是念完就算了，念的时候一定要感受一下："这是我的皈依。"接下来念："南无十方三世一切诸佛、菩萨、金刚护法、神祇。"你念"南无十方三世"的时候，心里要想："我是皈依十方三世。"十方在哪里？东南西北、四维上下。你的心要有这么大，所有的方向都是我皈依的对象、我的依靠。这就是菩提心啊！

修法结束后，下座的时候要去利益众生，所以我们这样回向："愿我此生速开智慧成佛，救度众生，不求余果。"我们要知道对三宝的信心和菩提心对于修行的重要性，前面的目标和后面的动力，什么时候都不能消失——上座的时候不能没有，下座了在工作、生活中也不能没有，这是一个人真正修行需要具备的基础。而阿难出现那样的情况，其实是他当时忘记了出离心和菩提心。如果他有出离心，他绝对能当下舍弃；如果他有菩提心，他就会把摩登伽女看成是身陷苦恼、值得悲悯的众生，而不会产生任何烦恼。

三、持戒

第三点修行的基础就是持戒。

持戒是我们的保护栏。目标在前面，动力在后面，保护栏在左右两侧。我们修行就像是走悬崖鸟道，悬崖上如果没有保护栏，就很容易摔下去。持戒不是让我们痛苦，不是让我们被束缚，而是保护我们更安全地到达目的地，所以戒律叫做"别别解脱"——你在悬崖上走，有保护栏保护着，就没有了摔下去的可能，那么摔下去的痛苦因此得以解脱。阿难之所以因为摩登伽女的咒而差点遭殃，是因为他持戒的心不严肃，在心念上容易为情所困。我们这个道场青年人多，青年人精力旺盛，妄想纷飞，索求的心非常强烈，如果没有戒律作为保护栏，这样一颗心随时都存在出问题的可能。

二十岁到五十岁这三十年是人生的索取阶段，索取情感，索取爱欲，索取名利地位，索取别人对你的尊重……索取很多东西。所以我们普通人一定会去索取：不索取善法，就索取恶法；不索取佛法，就索取五欲六尘。如果大家没有一颗持戒的心，那随时可能会出问题。

凡夫的心，就像刺猬一样全身长满了刺，你的言行举止随时都会刺伤别人。嗔恨心刺伤别人是直接的；爱欲心刺伤别人是柔软的、杀人不见血的，是软剑。我们一定要认识到，持戒对我们来说非常重要。如果没有持戒，虽然你的目标很明确，动力很强，但是动力越强，你越容易摔下去。没有持戒的人，他发菩提心发得很大，他要利益众生，他一天到晚去给别人说法，"日渐相亲"，两说三说就给说回去了。"日渐相亲"，就是开始很清净，以后渐相亲厚，越来越亲密，终必堕落。所以说，如果没有持戒的心，他的菩提心生起来是不长远的。如果不能长远地保持菩提心，他的凡夫串习会串过来。

阿难的这段经历，很多人以为仅仅是开启大法的缘起，实际上它与《楞严经》直契人心的见道是紧密相关的。"开悟的《楞严》"前面的这段因缘是给我们做榜样，告诉我们：你必须具足对三宝的信心，随时生起这种信心，必须具足出离心和菩提心，必须具足严谨的持戒心，这样我们才有机会来谈如何见道。

　　见道分两个阶段：第一个阶段是解悟，第二个阶段是见悟。见悟才是真正见道，解悟也叫见，是相似见，相似见也是见，但还不是真见。

　　我们有没有对自己的这三个基础进行确定，发自内心看一下：自己是否时时刻刻，乃至生生世世不离三宝，以三宝作为真正的生命归宿？是否时时刻刻不忘失出离心和菩提心？是否时时刻刻以正常的、遵守规则的态度来生活，不伤害任何众生，也不伤害自己？持戒，简单地说就是不伤害自己，也不伤害别人。有这样的心，我们接下来学习《楞严经》就有基础了；如果还没有的话，我们要加强训练。

　　实际上，大概而言，佛法不管是南传、藏传、汉传，还是八大宗派，任何一种法门、任何一个教派，都不离开这些要素。

　　不管在哪里，成为佛弟子第一个标准，就是你有没有皈依。皈依不仅仅是拿到一本皈依证，而是你的心有没有向往三宝。有了这样一种心，才成为三宝弟子。这是第一个要素。

　　第二个要素就是发心，就是前面讲的发出离心和菩提心。如果有哪个法门告诉你不要了生死，这一定不是佛法，仅仅只是世间法，或者是佛法当中的前方便，是人天乘的善法。"乘"就是渡达彼岸的"乘"，乘船的"乘"。要有出离心才称为"乘"。你今天修布施也好，持戒也好，行善法也好，如果没有出离心和菩提心作为动力，这都叫做世间法而不叫"乘"。你想利益一切众生，众生现前遇到生活困难，你去帮助他，帮助他的目的是使他能够解脱，最后圆满成佛。具备了这样的发心基础才称为"乘"，才称为人天乘，否则称为人天善法，说得浅白点，就是你只是一个好人、一个世俗的好人。所以说，发心是任何法门都必须具足的。

持戒也是每个法门必须具足的，特别是根本戒。居士有居士的戒，比如居士的五戒、菩萨戒，出家有出家的戒。每一条戒律都是我们佛弟子的行为准则，无论你到哪个地方都是这样。假如哪一个教派不需要持戒了，那就不是佛法。大乘佛法，正统的、修行的佛法，走觉悟人生修行道路的佛法，是不承认日本所谓的居士佛教的，因为他们不持戒，而他们自己也不承认自己是修行人。有一次在中国佛学院，我遇到日本佛教学者牧田谛亮，他是净土宗的学者。我问他："你们那里有没有修行解脱的人？"他说："我们那边没有。"在中国，即使是现在，都有很多师父、很多大德居士坐脱立亡，而日本的居士根本做不到这点，因为他们不主张持戒，甚至生不起出离心。

我们要认识到：学习佛法要学到位，以上三个是要素。佛法虽然有八万四千法门千变万化，但是这些要素不会改变。

四、正知见

第四个要素就是见地，就是正知见。《楞严经》里面告诉我们：见道，就是让我们树立正知见。正确的知见是什么？各个教派对此的描述虽然不同，但是落到实处却是一模一样的——必须是见到空性，认识无我。哪怕是净土宗，让我们求生极乐世界，到了极乐世界以后，我们还是要产生这样的知见。净土宗是让我们出离这个世间的一切，求生极乐世界。它的舍弃我执、与空性无我相应的方法，跟其他宗派大不一样。其他宗派是直接契入心性，让我们体会到五蕴皆空。

所以说，空性见是正知见的重要一步。无论学习哪个宗、哪个派，汉传也好，南传也好，藏传也好，都必须要有空性见。如果有人告诉你"没有空性见"，或者"你不用契入空性见"，还是以凡夫的我执印证你，让你的我执继续蔓延，那就不是正法。没有正知见就不是正法，这是所有佛法共通的一点。

五、正修行

第五要素是正修行，就是修道。八万四千法门，法门不同，契入点不同，念佛还是持咒，方式不一样。但是所有法门都离不开两点：第一点是停止你的妄想，第二点是你一定要生起智慧的觉照。我们看净土宗，让我们一心念佛，"一心"就是没有妄想，"念佛"就是觉照，就是了了分明。心密法门也一样，持咒，是让我们不着任何的想法，一念不生，咒念得清清楚楚、了了分明。参禅，是专注一个话头停在那里，专注、停止，然后对话头提起觉照，看得清清楚楚、明明白白。天台止观，"止"，就是停止一切妄想；"观"，就是如法观察缘起性空。唯识、中观、华严都有止观，无不如此。

我们要认识并把握上述这五个要素。如果把握了，对佛法还有不理解的，那么就看看自己这五要素把握的量或者度够不够。比如说，如果对三宝皈依的量不够，那就要加强对三宝的皈依；发心的量不够，要加强发心；持戒的量不够，行为出现问题，就要加强持戒；见地的度不够，只是相似明白，而不是真正明白，或者只明白其中一小部分，没有全部融会贯通，那就要在见地上加强；修道的量不够，不能安住于"一念不生，了了分明"，也要加强修道。

很多人在修行一千座以后，觉得自己力量不够，没有打开。实际上如果每次打坐都能按照这五要素去做，尤其是具足前面讲的出离心和菩提心，座下继续用功观照，从座上回向的时候开始，一直到下一次上座之前的这段时间里面，完全以菩提心作为你的动力，如果这样用功的话，一千座不打开都很难的。一千座三年啊！当然，愚痴的人善根很浅，没有智慧，很难打开。为什么呢？没有智慧的人，你给他讲发心，讲皈依三宝，他生不起感觉。

其实道理很简单，你当下去感受一下，感受到了，就不停地去模仿这种感觉。不停地去模仿，自然就能到位。从座上到座下，座下再到座上，一直都贯穿着止和观这两点，五要素实际上就具足了。整个佛法的八万四千种法门，其方便各不相同，包括藏传和南传早晚功课有不一样的，打坐时间也不一样，服装也有不一样的，唯独这五要素是完全一样的。

第四节　七处征心

我们掌握了佛法这样的一个框架，认识了《楞严经》的缘起，这是重要的一步。这样就具足了整体把握的基础。接下来我们把前面的皈依三宝、发心、持戒等这些基础放一下，从缘起上反省自己，调整一下，让自己的心纳入如法的状态。然后我们再正式地从见道上去看。

一、常住真心

首先讲见地。从整体来看，见地是最重要的，所以《楞严经》前面四卷都是围绕见地来展开的。

阿难听了那么多的法，道理上应该懂得不少，但为什么遇到邪咒就不行了呢？阿难和摩登伽到佛前面的时候，阿难尊者是涕泪悲泣，非常惭愧，自己一向多闻，却未全道力，遇境生心，被境所困，请求世尊一定要为他开示。佛就问他：你当初为何出家？他说：我是看到佛陀三十二相好，庄严、清净、殊胜，不是世间五欲凡夫爱欲所生，所以非常向往，要跟您学习，我也要像您这么庄严、这么清净。

于是佛就问他：你看见佛相清净庄严，所以向往，你拿什么去看？他说：我用眼睛去看。佛又问：那用什么去向往？他说：我用心去向往，用心去想。

佛就以此为契机，问阿难：你说你用心来想，你的心到底在哪里？佛说："一切众生，从无始来，生死相续，皆由不知常住真心，性净明体，用诸妄想，此想不真，故有轮转。"这是开门见山，也是佛放大光明后讲的一句话。因为阿难讲：用我的眼睛去看，用我的心去想。我们通常会说，我是发心的，我这颗心在什么地方，认为自己有一颗心在那里。佛就放光动地，六种震动。这六种震动的境界，就是佛把自性生起的一切妙用展现给大家看。其实山河大地、一切现象都在展现我们的真心。现在就在这里，在我们每个人的面门当中放无量的光明，我们却不知道。所以佛感叹，告诉阿难：我们大家生生灭灭轮回于六道之中，都是因为不知道常住的真心在哪里。

性净明体就是常住真心。自性清净、光明无量，本体如如不动，这就直接契入了。"性净明体"这个词把真心的状态最直接地描述出来了。大家如果想去感受，去见到常住真心，一定要舍弃无常的诸法。"常住真心"，"常"

是不断，"住"是不动的意思，"常住"是指不会断灭、不会生灭、不会动摇。

如果大家的心行比较细，就可以看到，六根"眼、耳、鼻、舌、身、意"对六尘"色、声、香、味、触、法"产生六识，构成了十八界的状态，是我们所有的现实状态。这十八界当中，没有一法不是无常的。佛在《杂阿含经》中告诉我们"诸行无常，诸法无我"，其中"诸行无常"就是指一切有变化的、有动态的，它们的状态全都是无常的。哪怕眼前的虚空也是动态的，我们不要说虚空是静态的：人不坐在这里时，虚空不是现在这样的；人一进来，虚空就变成这样了；人一出去，又变了。

世间一切万法都是无常的，我们就是停留在无常的法当中，不知道"常住真心，性净明体"。我们不知道真心，那我们怎么用心呢？如果你不知道真心，其实你不用什么，那就是法身妙用了。你现在感受一下"无所用"、"一切法无造作"——看到了也没有造作，听到了也没有造作，没有那一颗造作的心，没有想法，这时候明明了了、清净无染。我们本来就具足了这种功能——在这里我们具足这种功能，在其他任何地方也具足这种功能，甚至在地狱里也具足这种功能，无论是梦是醒我们都具足这种功能。什么功能呢？当下你没有作用，没有任何想法、用法，没有造作，你马上就感受到了——这就是我们的性净明体啊！

二、妄想心及其两种状态

但是我们不懂得性净明体，反过来用诸妄想，问题来了！我们用的都是妄想——"这是你的，那是我的，这是他的……"我、你、他、是非……一切想法都出来了。你看看，这些是什么呢？这些想法就叫做妄想。所以说凡夫是"用诸妄想"。佛告诉我们："此想不真。"明白没有？你"用诸妄想，此想不真"。用妄想的时候，有能所、有你我、有想和被想的东西，就会有动态。当有动态出来了，你的心有动的感觉了，就是"用诸妄想"。但如果现在我们不用妄想，不用的时候，我要拿起这个，没有任何想法，然后放在这里；拍桌子，一样，都可以没有想法。你一旦用诸妄想，那个想是不真的。不用是什么？你不用妄想了，即是如如。所以用妄想，你想到这个，想到那个，想来想去，离不开根本的我执。今天为他，明天为我，后天为他，再后天又为我，轮回就是这么造成的。轮回的根，就是妄想，就是执着。

佛在菩提树下成道的第一句话："无一众生而不具有如来智慧，但以妄想颠倒执着而不证得，若离妄想，一切智、自然智、无碍智则得现前。"你看，都是因为妄想执着而不能证得。佛讲了这么直接的法，这是演究竟法，把最究竟的法以最简短的语言——两句话，告诉阿难了。阿难还在想：那常住真心到底是怎么回事呢？您能不能告诉我？这个念头提起来就是妄想，就是认为有一个心，有一个东西在那里。事实上你不用妄想的当下，你的心是不存在的，就是说我们"烦恼的心"是不存在的。

但是凡夫往往以为这个心是存在的。你只是感觉存在，事实上根本不存在。因此，我们也不要觉得"我业障那么重"。怎么可能呢？业障在哪里？一切业都是无自性的，"觉后空空无大千"。你直接契入心的本源，当下能够承担，在我们现前的当下起现量作用的，完全就是我们的真心。而我们往往在真心上面给它横加一个妄想的执着。我们一定要用意识去想一个东西，抓住这个妄想不放，却忘记了真心。真心可以支持我们的想法，它所起的妙用是智慧，而不是妄想。你不打妄想，坐在这里很清楚，我讲话你为什么会听得那么清楚呢？我拿起这瓶水，为什么我们知道它叫矿泉水呢？这就是真心在用。真心也可以想，但在想的背后，已经没有一个东西了——要抓住它的那个东西没有了。我们认为是"我"，而当不妄想的时候，"我在想"的"我"没有了。

可是阿难尊者没有这种道力啊。他虽然是初果罗汉，但是功力不深，修道定力不够，所以他又再次启问。阿难扮演的永远是两种角色：一是佛的弟子，一是众生的导师。他是替众生问，替有我执的人问。佛讲"此想不真，故有轮转"，阿难心里就想了：那我这个心是怎么回事啊？我怎么让自己的心真正进入三摩地，进入修行呢？我要像佛一样有定力。佛就问他：你这颗心到底在哪里？因为阿难是用妄想的心去回答的。

我们如果用妄想心去想任何事情，那一定都是世间的生灭法。师父要考查你的功夫，并不是考查你的妄想，而是考查你是不是还以妄想心去回答问题。如果学习了教理以后，你在那里分析"心性是不生不灭的"，想好了，师父问你："你谈谈心性的状态是什么？""那是不生不灭的、没有状态的、没有样子的。"一听就知道你是用妄想在回答，因为你听过了这些话。如果你问一个未曾听过的人，或者是一个小孩子，或者是一个刚入佛门、不懂佛法的人，他回答说"心性是没有生灭的"，那了不起，那是他真正讲到了。可是你听来了那些道理再去回答，完全只是想法而已。师父问你时，只有当你不想了，不以任何妄想去回答，那一定是百分之百准确、没有差错的，这是功夫问题。

我们这个妄想心表现的状态有两种：第一种是妄想动的状态，妄想动起来了，就是我现在想这个，等下想那个，想得很清楚、看得很清楚的状态；还有一种是它不动的状态。这个就要命了！妄想动了我们能看得到，妄想不动我们看不到。用唯识的话说，妄想动的状态就是第六意识，就是意根追逐外界的法尘，就是我们自己想到了外界的一个概念，把这个概念抓过来，在脑子里出现一个情景，这个情景叫做妄想。它是动态的，所有的妄想都是动态的，这一点我们能理解。

当我们想什么的时候，意根不去追逐法尘，脑子里面不让它有概念、不去追逐概念的时候，这就是意根的本身，也就是第七识，叫做末那识。末那识就是我执的根本。它没有妄想，但是具有一种恒审思量的功能。恒审：恒，就是永恒的；审，就是审查。很多修心密的同修在打坐时都有这样的感觉：大概两三百座以后，坐在那里持咒持久了，可能觉得还经常打妄想，妄想就像小狗一样，东跑跑西跑跑，然后背后总有一个看上去没有动的、静态的、看着自己打妄想的，它一直在那里。来来去去的是妄想，不来不去的、在背后的是意根，是第七识。所以恒审，就像机场安检的机器那样：人过来，身上有什么东西了它就叫，没有它就不叫，人过去了它还在那里盯着。它永远都是这样，在那里不动。我们意识背后的意根也是这样。

我们能感受到没有妄想、明明白白的状态，但是我执还是没有破，桶底没有办法脱落。我们再把这个桶底加加份量，给桶里加水，加到一定程度，桶底散开了，就是见地打开了。

一般的人都会把第六意识的妄想当成是"我的心"——"我心痛了"，"我心很舒服"，"我现在的心……"有人说"我的心就在这里，心痛"，实际上是他的心脏不舒服，觉得"我的心痛了"。还有人说"我的亲人生病了，我心很痛"，这是他情绪上不舒服、难过，所以说，我们对心很难把握。

三、七番破处

《楞严经》第一卷开始有七处征心——七个地方征求阿难的心。那他的心到底有没有在这七处呢？交光大师认为，这不叫七处征心，"征心"乃是"佛要求阿难说出心的处所"的意思，而原经文中除了前面"惟心与目，今何所在"这句话以外，后文中佛并没有问心的处所的语言，那么"征心"一说就不成立，应该说是"七番破处"才对。① 七番破处，就是误认为心在什么处所，其实心不在这个处所，将这个处所破除掉，不能认为有个心在这里。那么七处征心呢，实际上是破除凡夫妄想执着的心。修心密的同修都知道，修行的下手处，是一定要在"一念不生、了了分明"这个地方去契入。

通常我们感觉到心是在胸口当中的，是不是？我们就认为心在胸口当中。唯识告诉我们，这个心叫做肉团心。我们的身体相当于是一部机器，机器的核心部分，指挥身体运转的，就是心脏这个部位。心脏一旦停止了，身体就

---

① 见（明）交光大师：《大佛顶首楞严经正脉疏》卷八。原文："古谓七处征心，亦是汗漫之言。征者，逼索令其说处之意。如上科云，'惟心与目，今何所在'，是也，详下更无如是征辞，何立七征？向下七番，但是随执随破。若云七番破处，则不谬矣。"

没有办法动了。心脏是身体的总枢纽。我们从小生下来就用这个心，用这个身体，对身体的感觉很敏感，认为身体就是"我"。把身体当成"我"，叫身见。通常的人就是把身体当成"我"，"我"到哪里了，"我"怎么样了，误以为心脏就是这颗心。

佛问阿难：你看见佛相清净庄严，所以向往，你拿什么去看？用什么去向往？问之前，阿难用直心来回答。十方如来，都是以直心之道，所以说，出离生死都是以直心。以发心为开始，究竟为终点，中间经历诸位，永远没有委曲相，这就是直果。阿难当然就用最直接的感受去回答，他不是想把话说得很好听，而是凭直觉，凭他的境界来回答佛陀的提问。

七处征心的第一问，阿难听到佛这么问他：你以眼见，用心去见，又想自己用心去证得三昧，那你的心在哪里？

阿难说"心居在身内"，就是执着这个肉团心。阿难通过眼睛看到佛的三十二相，然后心想着佛的庄严，所以他觉得是通过眼睛看到的，心肯定在眼睛的里面，也就是在身体里面。佛就用一个比喻告诉他：如果你的心在身内，就像我们的身在这个讲堂里，看到讲堂外的园林树木，我们同时也可以看到讲堂里面的人和事，看得很清楚。那么你的心既然能看到佛，能看到外面的相，你的心在身内，那你的心也应该能看到身体里面的五脏六腑，你为什么看不到？阿难一想，也对哦！我的心既然能够看到外面，为什么不能看到自己的五脏六腑呢？所以佛说，你既然看不到，那"心居在身内"是不成立的。

阿难就马上回答说：听了您所讲的话，我明白心应该在身体外面。佛说：如果你心在身体外面，那身心应该互不相干，心所知道的，身体感觉不到，身体所感觉到的，心不知道。那么我现在举手，你眼睛能看到，心是否也能知道？阿难答：是的。佛说：如果心知道，那怎么能说心在身外呢？可见你说能知之心在身外，也是不成立的。

阿难说：我的心既不能在里面，也不能在外面，那应该潜伏在根（眼根）里，粘着在根上面，粘着在眼睛上面。如果说"我的心就是眼睛"，这是说不通的，心和眼睛是分开的。那么阿难所说的心潜伏在根里，到底怎么个潜伏法？用一个比喻，就像戴眼镜的人，通过眼镜能够看见外面的世界，同时他也能看见眼镜，是不是？戴眼镜的人能不能看到眼镜？肯定能看到。但平常不注意时好像没看到眼镜，就看见外面了。而事实上呢，你看到外面的同时，也是可以看到眼镜。但是你的心能不能看到你的眼睛、眼根呢？还是看不到。心看不到自己的眼睛，所以说潜伏在根里也不对。

于是阿难就说：人们的五脏六腑在身体的内部，眼睛和耳朵等有窍穴的器官在身体的外表。凡是在身体内部的，自然暗昧；有窍穴洞开的，自然就明朗。我现在对着您，张开眼睛看到光明，就是见到外面，闭上眼睛看到黑暗，就是见到身内。这样讲对吗？

佛说：你闭上眼睛看见黑暗时，这个黑暗的现象，是否是与眼睛相对？如果是相对的，黑暗就是在眼前，怎么讲是在身内呢？如果说在身内，那么在没有光线的暗室中，这个暗室就都是你的脏腑了。如果黑暗与眼睛是不相对的，眼睛怎么能看见呢？如果你闭眼见到黑暗，不是对外直视，而是反观身内，那么合眼既然能反观，睁开眼也应该能反观。那你睁开眼的时候，为什么不能反观到自己的脸呢？由此可知，睁开眼不能反观到自己的脸，闭眼时也不能反观到身内。如果睁开眼能见到自己的脸，那么，这个了知心和眼根是在虚空，怎么会是在身上呢？心眼如果在虚空，就不属于你身体了，那我现在你对面看见你，是否我这个人也算是你的心与身呢？我现在看你，你的眼睛看见，心已经知道了，但你的身体却没有感觉到。如果你坚持说，身体和眼睛各有独立的知觉，那么你就是有两个知觉了，也就是说你应该有两个心性才对。可见，你说"闭上眼睛看到黑暗，就是见到身内"不成立。

第五，阿难说随合随有。他说，我听佛说心生种种法生，法生种种心生，我现在思惟推测，这个思惟体就是我心的体性。这个心的思惟体，随外境所合之处，就是心之所在，并不一定在内、外或者中间三处。于是佛问阿难：依你所说，思惟意识作用与外境所合就是心，那么这个心根本就没有自体。既然没有自体，就没有可以相合的。而且根、尘、识必然各自有体，三六合成十八界。如果无自体而能相合，那么十八界之外，另有一个无体的十九界，六尘之外，另有一个无体的七尘，与他相合，有这样的道理吗？如果心没有自体，你用手扭痛自己身体的某一部分，试问，你这个能够知觉疼痛的心，是你身体内部发出，还是由外界进来的呢？假如认为是从身体内部发出，与你第一次所讲的"心在身内"一样，应该能看见身内的一切。假如认为是从身体外部而来，就与你第二次所讲的"心在身外"一样，应该能看见自己的脸。

阿难说：能看见的是眼睛，能知能觉的是心，而不是眼睛，所以说心能看见是不对的。

佛说：假如你认为眼睛是能看见的，那么你在室内，这室内所开的门窗，也能够看见东西吗？一般刚死的人眼睛还在，他的眼睛能看见东西吗？假如能，他就不是死人了。再说，你这个能知能觉的心，如果必定有自体的话，它的自体是一个体还是多个体呢？心在你的身上，是遍满还是部分呢？假若认为只是一个体，那你用手扭痛四肢的某一肢，四肢应该同时感觉疼痛。如果四肢都感觉疼痛，被扭那一肢的疼痛就不是局部存在了。如果扭痛的部分有它的位置，那么你认为全身只有一个心性之体就不能成立。假如认为有很多个心性之体，那又成了很多个人了，那么哪个心性之体是你的呢？同样的，如果认为心性之体是遍满全身的，那同上面所分析的一样，不必再说。假如认为心性之体不是遍满全身，那你碰头，同时也碰足，头感觉到疼痛了，足就不会再感觉到疼痛。事实并不如此，而是你全身碰痛，全身都会有感觉。以上你所说的，认为心性无体，与外境相合才有，根本是错误的。

第六个，阿难对佛说：我常听您与文殊大士等讲自性的实相时，您说"心不在内，亦不在外"。我现在思惟，在内寻不到这个能知能觉的心，身外又没有一个能知能觉的东西。既然身内寻不到能知能觉的心，就不能认为心在身内。但事实上身心又能互相知觉，所以也不能认为心在身外。因为身心互相关系，才能互相感觉得到，但是向身内寻觅，又找不到这个心。如此看来，它应该在中间。

佛说：你讲在中间，这个中间之相，一定有它的所在。你现在推测指定的中间，是在什么所在？是在某一处，还是就在身上？假如在身上，在边（身有中边，边就是左右前后）就不是中，所以中间就相当于你以前说的身内。假如你说另有一个地方是中间，它有什么标识能表现出来吗？如果不能表现出来，那就如同没有。如果有所表现，那这个"中"就没有一定。为什么呢？因为如果把这个地方当作中间，从东看是西，从南看是北。既然没有表现，这个心就应该杂乱了。

阿难说：我所说的中间，不是您说的这两种，而是您过去所讲的"眼根对色尘，眼根具有能看的因，与外境色尘的缘根境和合，就产生眼识"。眼根是有分别的，色尘是没有知觉的，当眼根接触到色尘，识就产生了。这个根尘之间产生的识，就是心的所在。

佛说：你说心在根尘两者之间，那你认为这个心性之体，是否兼备物质心识的两种作用？假如兼备，两者就夹杂混乱了。因为色尘是无知之物，眼根是有知之体，知与非知，两相各立，怎么能说心是在二者中间呢？假如不兼备二者，色尘是无知之物，自然没有知觉，就谈不上有一知觉体性的存在，那你所说的中间是个什么状况？所以说，心在中间是错误的。

最后，阿难说，我以前听佛与大目连、须菩提、富楼那、舍利弗等四大弟子共转法轮时说，这个能知能觉能分别的心性，既不在内，也不在外，也不在中间，一切都无所在，不执着于一切，这就是心。那么我现在这个心也是不执着于一切，这就是心吗？

佛告诉阿难：你说能知能觉能分别的心，不执着于一切。世间的水陆飞行种种生物是正报，虚空中呈现的所有物象是依报，这所有的正报、依报称为一切。你的心不执着于这一切，是另有心的所在而不执着这一切，还是本没有心所在不执着这一切呢？假如没有心的所在，就等同于龟毛兔角，根本就没有，还有什么可以说个不执着？假如另有心的所在，你的心不执着这一切，就不能称为不执着。假如不是没有，就当成有相，既然是有相，就一定有它的所在，在哪里就着在哪里，怎么能说一切不执着呢？由此可知，你所讲的"无着于一切，这就是心"不能成立。

我们在分析一切法的时候，总是认为有个东西、有个概念在，抓住它，然后说"我不执着了"。那这个概念是什么？是法尘，还是六尘？你怎么能算不执着呢？就像有些人说"我不贪名"，你讲自己不贪名，那你怎么会知道有名呢？你知道有名，其实就是执着这个名了，你尽管不贪名，但是反过来就是你贪着"不贪名"的这个名。有些人说"我不贪"，"我不贪"是什么？"我不贪"就是你去贪着那个不贪的感觉，就像阿难说"不着于一切"，道理一样。

所以七处征心，在内、外、中间这一切法当中，你找不到你的心！白居易的《长恨歌》里有一句说得很好，"上穷碧落下黄泉，两处茫茫皆不见"。上到天堂，下到地狱，中间一切人事当中，你去看、去追求，你的心到底在哪里？两处茫茫都不见！我们平常的妄想，一切想法的生起，事实上只是物质身心的状态、十八界的状态在展现它缘起的现象而已，除了展现缘起的现象以外，并没有一个真正的心在那里想着。

四、去妄显真

我们平常误以为有一个心，这好比是水中的月亮。水中有没有月亮？"没有！"我们说。大家心里想："不对！有。"更不对。说它没有，你明明能看到水中的月影，月亮照到水里，只要眼睛不瞎，都能看清楚。但你说有，更不对，为什么？它根本就不是月亮，水中怎么会有月亮呢？你在水里找，就是把所有的水舀干了也找不到月亮。你在三道六界、根尘识当中找你这颗心，永远找不到！为什么找不到？因为根本就没有。我们执着于这颗心，认为它有，其实这颗心是没有的。但水中有没有月亮呢？有，看得很清楚。说有，是说它生起月亮的作用是有的。

我们现在去观察自己的心，专心致志、如实地观察自己这颗心。平常我们总觉得开悟是一件很难的事情，实际上在佛经的教法中可以看到，佛陀告诉我们：开悟跟修行时间的长短是没有关系的，跟功夫做得深、做得浅没有关系，它在于一种契机，你能够契入，你就能开悟，就能见道，就能见到真心、本来面目。有很多在家居士，在佛陀的讲法之下得法眼净，看到真心了，就是通过教法，通过分析，通过思维，契入真心的状态。契入以后，才能真正起修。

为什么《楞严经》称为"开悟的《楞严》"？因为这部教法直接让你去追究心的本来面目，看心的状态，看到了然后起修，然后证道。所以你看，整部《楞严经》讲的就是见道、修道、证道这三个过程。

首先，我们要做好见道的准备，就是必须把我们对于心的认识先舍弃掉。我们认为"心在内、在外、在中间……我们感觉有一颗心"，这些观念一定要先打破。我们不能认为有一颗心在那里等我去看，明白没有？如果你认为"我要开悟，我要明心见性"，那这个心在哪里呢？好像是旁边厨房里的一碗饭，我走过去就可以端来吃了，如果你这样认识你的心，那你永远看不到。如果认为成佛所证的菩提像一个水果，我去拿了这个水果就可以吃了，这叫常见外道。你如果秉持了这种不正的知见、妄想的错觉，想要认识真心，显然是不可能的！必须把妄心先舍弃掉，从真心当中体会真心的状态。七处征心，就是让我们把认为这颗"心在内、在外……"在什么地方，有所在的观念先舍弃，不以任何的观念、知识，作为领悟真心的基础。

通常知识分子把这个世界看成一个固定的模式，把我们的生命看成要么是永恒的一个状态，要么是死了以后什么也没有的一个状态，这两种看法都称为邪见。把心看成是永恒的，是常见外道；把心看成是什么都没有的，是断见外道。我们应该把常见和断见这两种看法先舍弃，舍弃掉这些过去对我们身心世界乃至对佛法的所有成见。只有舍弃了我们的看法，再回过头来才能认识真心，就像看水中的月亮一样。

通常人对水中的月亮会有两层错误的判断：第一层错误，是认为水里有月亮。认为水里有月亮的人，就是认为有一个"我"。第二层错误，认为水里有月亮了以后，风吹水动，月亮变形了，支离破碎了，我们要想尽办法把这个月亮救起来，要让月亮保持平静、完整的状态。

小学的时候读过一篇文章，叫《猴子捞月亮》。有一个猴王在井边玩耍，看到井里有个月亮，它突然想到："月亮掉到水里，那以后这个世界就没有月亮了，大家会很痛苦。"这个猴王认为自己是很有智慧的，于是就带着很多猴子，一个接一个地钻到水里，想把水里的月亮捞起来。同样的道理，有很多外道，包括很多世间的哲学家，他们认为心要保持清净，要保持善良，要保持得如何如何，要把这颗妄想心保持得好好的。总要去追求外面的物质，比如你没有车，就给你一部车，没有房子，就给你一栋房……来满足你这颗心。这就相当于是那个猴王，认为自己很有智慧，去捞水里的月亮，并且要把月亮的形态保持好。实际上他没有看到，这只是自己的妄想而已。在几十年的人生中，我们在日常生活中为了维护这个"我"，做了多少的努力！为了满足"我的"五欲的快乐，为了维护"我"的尊严，所做的一切努力，原来都是在救水中的那个月亮。这里面有两层错误：一种是认为有"我"的认识，第二层是因为有"我"而展开的一系列"救月亮"的行动。

反过来呢，我们要先认识到水中没有真月，所以这个月亮不需要你去救，这样你的心马上就解脱了。生活在这个世界上，我们每一个人都是水中的一个月亮。你我的存在，就是水中的月亮。风吹来的时候，我们看天上的月亮没有受伤害，而水中的月亮支离破碎了。实际上水中没有真实的月亮，我们感觉受到了伤害，其实不会受伤害。你痛苦了，其实只是有痛苦的错觉而已，没有真正的痛苦可言；你快乐了，也只是有快乐的错觉而已，也没有真正的快乐可言，因为水中的月亮是不存在的。

认识到水中没有月亮，另外一些人就说了：水中没有月亮，所以连水中的月影也不存在。实际上，把月影当月亮的人，他们的概念是：水中有一个像月亮的东西，他的直觉就是月亮，然后说水中有一个月亮。你如果告诉他水中没有月亮，对他来说就等于告诉他水中没有月影。如果认为水中没有月影，这就更错了。所以一个见道的人，应该见到水里没有月亮，而不是水中没有月影。从究竟法上来说，心是没有的，想法是没有的，生灭轮回是没有的。对见道的人可以这么说，但对于凡夫如果这么说，就落入断见。你不能说"月影是没有的"，因为我们都生活在月影的世界里。

所以七处征心以后，我们再来认识一下这个心，它到底是一个什么样的状态。既然认识不到天上的月亮，那我们就通过水中的月亮，想象到天上的月亮跟水中的月亮是没有区别的，水中的月亮是天上的月亮显现出来的样子。我们这颗心，既不在内也不在外，没有地方可以找到这颗心。心的生灭、心的想法、我们的执着，事实上都是没有根的。

那么现实的状态是什么呢？比如说，我们脑海里面想一下矿泉水，想了没有？想到了，矿泉水在你的脑海里面，冒出来这个瓶子的样子；闭上眼睛再想一下，矿泉水又出现了；然后睁开眼睛，不去想的时候它就没有了。这个我们平常叫作妄想。大家看一下，你闭上眼睛想到这瓶矿泉水时，除了矿泉水以外，还有没有别的什么东西了呢？没有了，就只是矿泉水的样子出现了。那这是矿泉水现前了吗？

你现在一想到自己的家，家的样子出现了。一家人现在都想到家，各自想到的家是不一样的，对家的摄受概念各不相同。想到家，家的情景在脑海中出现了；不想，脑海中又没有了；再想，又出现了。脑海中出现的这个形象到底在哪里呢？它没有在哪里。它占空间没有？没有。占你的时间没有？也没有。它出来进去，呈现的时候就呈现了，不呈现的时候不知道去哪里了。在呈现的时候并没有"我"去那里，你的心并没有跑到家里去，这中间没有过程——没有一个东西从这里"呼"一下跑到那里去，家也没有"呼"一下跑到你这里来，是不是？

　　你所想的任何一件事物，都是没有来也没有去的——你只要想到它，它就出现了，你不想它，它就没有出现。出现或不出现的，只是事物的相状，跟你的心没有关系。心是没有来去的，想到了没有来，不想了也没有去。你想一个事物的时候，这个事物马上出现；想第二个事物的时候，第二个事物也马上出现，第二个事物出现了，第一个事物就让位了……我们的想法像排队一样，一个接一个，每个念头都是队伍中的一员。

　　我们还是会有没有想法的状态，没有想法时，也就是我执的状态。我们看，这个"想"字很有意思，"想"是上面一个"相"，下面一个"心"。事实上我们想到了任何一样东西，比如想到矿泉水，这是一个相，这个相是用下面这颗心给它托起来的。但是我们平常所注意到的只有这个"相"，"心"却没有注意到。所以说我们想什么东西，比如想房子了，房子的相出现了，房子下面的心你看到没有？实际上这个心是没有动摇的，上面所有的相都可以换，而下面的心不会换。

　　你现在想到那根柱子，那根柱子的相出现了，当你转过来想这根柱子的时候，这根柱子的相出现了；而事实上，当这根柱子的相出现时，除了相出现以外，你的心并没有从那里跑过来到这里。出现只是相出现了，不出现只是相不出现。

我们平常以为有一个想，"我在想"。以为"我在想"的这颗心，事实上就是我们的真心。你所有的想法，都是真心呈现出来的。真心没有来，也没有去；没有在任何地方，也无所不在；没有生灭，也没有形相。我们在前一个念头停下来，后一个念头没有生起来之间，脑子里没有相出现，实际是出现了一个空空的、没有样子的相，这还是一个相——意根、我执，还是有个我相在那里。我现在什么都不想，停下来感觉一下："哦，这个我，感觉很清楚——我现在坐在这里，什么都没有。"其实什么都没有的相、什么都不执着的相，仍是你想法当中的一个相，你执着于此，还是妄想。

所以，必须把上面的相全部都忽略。出现任何想法时，你的注意力不在想法的相上。现在想一下这尊佛像，佛像出现的时候，有没有一个跟它同时存在的相？实际上是有，一个明明了了的，跟它同时存在。我想到佛像，想到柱子，想到山河大地……所有的一切想法出现了，它是这样的明明了了；不出现，它还是一样的明明了了。这个明明了了的，并不是我。在明明了了中没有任何想法，只是一种境界，其实这种境界的相，它背后的支持才是我们的真心。真心随处都是，真心是没有生灭的。

七处征心的目的，是让我们把对妄想的"想"所伴随的"相"——"心"上执着的"相"破除掉，破除我们凡夫的着相。所以佛告诉我们：但以妄想执着而不证得。因为当想起这个东西了，只有这个相是可以执着的，所以叫"着相凡夫"，如果你不注意在这个相上，你是没办法执着的。你所有的念头生起来了，不管是快乐的、痛苦的、修行的、开悟的，还是迷失的，任何一种想法生起来，你只要不停留在相上，你一定是自在的，妄想也就变得没那么可怕了。你所有的想法，都没有关系，因为所有的想法都伴随着真心，从没有离开真心，所以叫"常住真心"。

后面佛还讲了客尘烦恼、常住真心。抓住一个相（妄想）而执着，认为这个相我可以抓住，过一会儿又想其他了，这些相叫作客尘。就像客人到你家来，住两天他还要走的，而主人是不会走的，是常住的，所以叫常住真心。你想佛菩萨，想三恶道……这一切相出现了，会想的、会使这些相出现的这个东西不会改变。

在"一念不生，了了分明"的状态当中，它的背后出现两种情况。一种是前面讲过的无想的状态——出现了一个空空的、没有样子的相，这是意根、我执。另一种像我们的背景，有想是这样，没有想也是这样。有想，"想"下面的心是真心；没有想，下面也是真心。如果只是停留在无想上，那无想还是一个相，还是我执。所以必须打破这一切有想无想的执着。打破了这个执着，就看到了不生不灭的真心，这时候的"一念不生，了了分明"就没有我执了。

七处征心是舍弃一切处的相，剩下的就是我们的真心。舍弃了以后，就不妨有任何相：相出现了，看到相的同时也看到心，看到相就成为智慧了，所以妙观察的智慧是这么转过来的。

第五节　两种根本

七处征心以后，佛告诉我们有两种根本——生死根本和常住真心。当妄想破除了，真心实际上是在一切处显现的。

七处征心，是因为阿难执着自己的妄想心为"我"，所以佛问他：你这颗心到底在哪里？问到最后呢，他发现所执着的这颗妄想心在一切处都不对。这时候佛就阐明，为什么凡夫会执着自己这颗心，执着自己这颗妄想心以后产生的结果是什么，并且告诉我们宇宙万物、人生世界有两种根本：第一种根本是无始生死根本；第二种根本是菩提涅槃，这是真正的一切万法之本。

一、生死根本

"一者，无始生死根本，则汝今者与诸众生，用攀缘心为自性者"。阿难以及我们大家，都同样把这颗东想西想的妄想心作为自性，认为"这就是我的心"。平常生活当中，大家都会觉得"我的心很难过，我的心很开心"。所谓难过的、开心的，都是攀缘心。你不攀缘了，就超越苦乐，超越世间的轮回，而所有凡夫众生都会把攀缘的心当作自己。

攀缘心表现的状态有三种：

第一种状态，是第六意识攀缘以后产生的结果。比如说我现在想一个东西，想到这个佛像，我的心就缘到这个佛像上面，感觉是"我想到佛像了"，脑子里面出现了佛像这么一个相。这个相的出现，实际上是你想它，它才出现的。你攀了这个缘了，这个相才出现，你如果不想它，你脑子里永远不会出现任何景象。我们攀缘它以后，产生的就是第六意识，所有的妄想都是根缘尘而产生的识。这一层大家比较容易理解，就是平常打妄想时想到的那个相，就是意识。

第二种是我能够想它的心，这是真正的攀缘心。比如说我们想佛像时，当这个想还没有出来，有一个"想"要想了，你想要想的时候，总觉得是"我"要想。我们有一个会想它的功能、想它的本事，这是"能所"的"能"，而不是简单指功能，是指能想它。所想的是"所"，所看的是你们，能看的是我。

第六意识攀缘心的生起，就是意根缘着法尘，跟法尘接触了而产生的。意根就有能缘的本事。意根，前面讲过就是第七识，就是我执。第七识缘什么呢？它是执取第八识的相分为自我。没学过唯识的人，听起来就比较糊涂了。第八识的相分是什么？实际上就是我们的第八阿赖耶识。阿赖耶识的种子田中，蕴含了很多习气种子，这些习气种子都是有形相的。只要有形相在习气种子当中、在阿赖耶识当中，第七识就会抓住这些相、这些种子，认为这个种子是我、那个种子是我，执取第八识的相分为自我。具体是指什么呢？比如我们脑子里面有一个法尘概念，第六意识产生分别了，比如说"今天"，"我是我、你是你"，比如说见到某某法师了，那么"我见到某某法师了"这个情景，就蕴藏在我们的阿赖耶识当中了。

你所对的山河大地、一切万物，你只要遇到这个缘，你就把这个缘像照相机那样拍摄进来，存在自己的脑海当中。现在你想象一下你的家，家马上就在脑海中显现出来了，你就知道"那是我的家"。为什么呢？因为一直以来，这个家的图像就存在你的阿赖耶识当中，想家的时候，马上就会从脑海里冒出一个家的形相。所冒出来的当然是一个法尘，是你存进去的东西，那么能让自己冒出来的，就是我们的第七识——意根。

意根是攀缘自己过去已经存进去的图像，把这些图像显现出来。如果你不去想，它显现不出来。你不去想家，不去想车，不去想任何事，任何事都显现不出来；你只要想到哪件事情，那件事情就显现出来了。我们平常想到痛苦的事情了，那件痛苦的事情就显现出来，而我们却不能在现前当下，直接面对自己所想到的过去的情景。当缘到过去的情景时，我们会进入自己过去的那种感觉和状态，实际上那种状态相当于梦境，是个错觉。就像我们现在坐在这里，其实是没有痛苦的，现前的当下你没有任何痛苦。人的一生，真正痛苦的时间不多，大部分时间是没有痛苦的，但是由于我们对过去妄想的执着，总是让过去那件痛苦的事情反复地在脑海里出现；当出现的时候，自己的心反复地去模仿那种痛苦的感觉。昨天被人打了，很痛苦，今天想起来还觉得很痛苦；其实想起来的时候本身是不痛苦的，但是你反复地模仿，让自己进入昨天的状态，而那个状态完全是虚幻的。

大部分人在现实的人生中，是生活在虚幻当中的。当阿赖耶识种子生起现行了，这个种子会让你产生一种模仿它的感觉，而这种感觉又加强了这个种子在将来起现行的力量。所以一个恶的人他不停地行恶，就恶习成性；善的人不停地行善，他就善习成性。一个善良的人，当善良成为习性之后，你很难让他去干坏事，他会被善法捆住，他放不开的。而一个恶人，让他转过来做善事也是很难的。恶习成性，善习成性，成为习性了，就有强大的动力，不停地推动你。所以我们的整个人生都是业感缘起，你的业成为习惯，习惯成为不停推动你行为的动力，然后我们就不停地在这里轮回。

我们能够攀缘外面法尘的，能够使自己脑海中想出这些图像的，就是攀缘心。平时不想的时候它不是不在，而是没有去攀缘。能攀缘的这个心，其实是我执。从表面上看，它本身并没有痛苦。因为我们所想到的是痛苦的情景，才会痛苦，如果没有想到痛苦的情景，绝对不会痛苦。所以当意根缘法尘的时候，法尘如果是快乐的，你一定能够感觉到快乐；法尘如果是痛苦的，你就感觉到痛苦。比如说我们感受一下，现在就是西方极乐世界，在清净庄严的佛陀脚下，我们是坐在七宝莲花当中，你就生不起痛苦，因为你的意根所缘的法尘是快乐的尘。或者现在感受一下"我们来到天堂了，现在身处天堂"，那你就感受到天堂的快乐。天堂的快乐是什么呢？没有强烈的贪、嗔、痴的表现，唯贪禅定，尤其是色界天以上的天人，对一切都是没有欲望的。那么生起的这种感觉，是我们意根缘禅定的法尘而产生的快乐。

而四禅八定，世间定，它完全是由我们的意根缘没有欲望、没有痛苦的善法的法尘。比如说它需要观想，坐在那里观想身心一片空寂，然后观想让自己空灵再空灵一点……不断加深这种空灵的感觉，不断加深这种轻飘飘的感觉。我们有时候说"哎呀，您这人简直高兴得轻飘飘了",我们就去缘这个轻飘飘的感觉——你坐在那里,整个身心一片空寂,很轻松,像云一样会飘。这种感觉生起来了,实际上你的地水火风这四大就进入良性循环的调节中,我们能感觉到禅悦——禅定的愉悦、禅定的快乐。

所以这颗心在世间,你所缘的法尘是喜是忧、是苦是乐,完全由我们这颗攀缘的心决定。一个痛苦的人,他会不停地重复痛苦的感觉,哪怕他带业往生到西方极乐世界,下品下生。因为下品下生的莲花苞还没有开,他在莲花苞里面,还会想到自己过去在娑婆世界时,某某人欠了钱不还,还打我,就在那里痛苦,还会掉眼泪,实际上他是重复过去那种痛苦的感觉。

我们学佛、学戒的人知道要求忏悔,忏悔得安乐。做了错的事情,第一次做错了就马上想到错了,改过来,从此以后脑子里不再想这件事情。如果你再次想到了,八识田中就又增加一次这种业习。你不停地想,你不停地错,想到最后不能自拔。别人对你不好,有仇恨,仇恨在心里不停地重复,当重复得越来越深时,你就成为一个处在仇恨的痛苦当中的人。

后悔跟忏悔是两个概念。忏悔是认识了错误,从此以后在心中要消除这件事,不让它成为一种力量不停地出现。忏悔以后,要让善法在心中生起来。你知道不该这样做,那你就知道该怎么做,该念佛该持咒、该用功该修行、该安心，你马上就安心在正法上，把错误的事情完全从心中消除。如果你做错事情后悔了，不停地后悔，成为一种忧虑，形成一种不能正常地、健康地生活的状态，这叫悔箭入心——后悔像一把箭一样插在你的心上，然后你一想到什么事，就觉得自己不行。

比如说有些人，他会觉得"哎呀，我业障重呀，我不行哪！"经常听到这句话："你有没有开悟啊？""师父呀，我业障重呀，不行哪，我打坐了好多年了也不行。"你不行，为什么不行了？是否觉得自己过去所做的一切不如法的事情障碍住自己了？如果你永远都觉得自己不行，你就真的不行，不可能有行的时候，因为这把箭没有被拔掉。所以每个人在学佛忏悔之后，都要把悔箭拔掉，就是要认识到：我一定能够行，我能够成佛，不能不成佛，不成佛的是妄想的心、烦恼的心、颠倒的心，我不能再跟妄想、烦恼、颠倒为伴，不能跟它们捆在一起。这样一来，心中所有一切负面的情绪、负面的感觉全部消失。负面的情绪消失了，这个生死根才能看到。

这个生死根，就是攀缘的心。所以说，我们这个攀缘的心有多厉害！你想到天人的感受时，你就跟天人相应。你如果是一个有正义感的人，是非善恶很分明，那你是与阿修罗的状态相应。如果你心中不停地跟贪、嗔、痴相应，心中感到不满——对环境不满，对现实不满，对自己也不满，那你永远都跟饿鬼道相应。饿鬼是肚子饥饿的。饿就是没有吃饱，没有满足。所以如果你心里不满足，就跟饿鬼道相应。你如果对自己家里人说"你不信佛，我看了就烦"，那你就与饿鬼的状态相应。你看到哪个不信佛的人、不修行的人、诽谤三宝的人，如果生气、嗔恨了，而你又无能为力，不能使他改过来，你生气了就跟地狱相应，你的心就不停地攀缘地狱的情景，有一天你就会下地狱。

如果你一天到晚都稀里糊涂的，没有嗔恨，没有贪欲，没有太重的分别，也不知道要安于正念，不知道观照自己的心，这就是愚痴心。这样的人可能比较多。我们在学习佛法之前，基本上都是贪、嗔、痴这三种心在作怪，而学习佛法之后，也未必就能舍弃愚痴心。很多时候，你学习了念佛的法门，却不念佛；知道了持咒，却不持咒；知道了"一念不生，了了分明"，却不能安住于"一念不生，了了分明"。在这个时候，你没有贪心，没有嗔心，却在与愚痴相应。平常的无记，就属于愚痴的范围，是跟愚痴相应的，会堕落到畜生道。有时，我们会自然地感觉"这样睡得舒服"，就舒服一下，或者不舒服，"哎！这样挺不舒服的"。舒服和不舒服能感觉得到，但是不去想那么多，心里也没有正念，这是愚痴，属于畜生道的特性。

大家要小心哦！特别是出家修行的人，把世间的很多东西，包括贪欲等等都放下了，也不生气了，结果呢，还继续愚痴地过日子，那就很麻烦了。"施主一粒米，大如须弥山，今生不了道，披毛戴角还"。"不了道"，就是平时习惯于那种无所事事的样子。有些出家人就是无所事事的样子，不做事，别人把饭煮好了，什么都准备好了，他没有痛苦也没有快乐，一天一天疯疯癫癫地就这么过了，混到最后呢，他来生只能披毛戴角做畜生了。这是个很严重的问题！这颗能攀缘的心，看你攀缘到哪里去。修禅定，四禅八定是跟天人相应。念佛、念经、礼佛是直接跟佛相应。我们用这个攀缘心去重复跟佛菩萨的品德相对应的情景，我们就会相似地感受到佛菩萨的感受。如果攀缘佛菩萨，那我们是上升的；如果攀缘三恶道，那是堕落的。这个能攀缘的，就是意根，就是第七识，就是思量。

《成唯识论》里面说："集起名心，思量名意，了别名识。""思量"，参禅的人明白不明白？参禅的人在妄想没有打出来之前，想打妄想而不让自己打出来，这时候能不能看到？你想一个妄想，想要打妄想了，但是不让它打出来，这时候你就能看到自己的意根。意根，能缘之心，就是有能攀缘的功能。能攀缘的功能它是有的，攀缘的作用也是有的，只是所攀缘的境界还没有攀缘上，一旦攀缘上了就成为意识。你脑子里想一个东西，别让它想出来，这是意根；一旦想出来了，就是意识了。在妄想没有想出来之前，我们关注这时候的状态，禅宗就是要在这里生疑团。

没有想出来时是没有样子的，没有样子却能感受到"我想要想这个事了"，隐隐约约感觉到"我想要想"，但是还没想。在这里，表面上看起来也是"一念不生，了了分明"，很清楚，念头还没有起来。当意识——这个概念，还没有出来，事实上这时看到的，就是我们想要想的、能所相对的"能"。所以根尘脱落，是先把尘舍弃了，再看到根。后面讲修道的时候，我们会强调这一点。

第三种攀缘心，是指阿赖耶识习气种子当中的影像，叫"集起名心"。我现在用我的意根想到摄像机了，我跟摄像机必须要聚集到一起；我想到自己的家了，那必须跟家聚集在一起。脑海中有很多记忆、很多图像，这些记忆和图像都集中在一起，我们随时可以拎出一个，刚才想一个，等下又想一个。我们在打坐的时候就会发现，妄想怎么这么多啊！怎么不多啊！无量劫以来，生生世世，像摄像机一样，每天都在摄取外界的影像情景，并把这些存在我们的阿赖耶识——八识田当中。

我们在打坐的时候，八识田中的影像一张一张翻出来，新账旧账一起算。一个记忆力好的人，对自己的记忆是有安排的。打坐的人心静下来以后，想什么是有规律的。就像我们的仓库一样，货架都组好了，什么东西都给它归类，给它摆得整整齐齐的，下次一进去，哪怕没有开灯，东西都能拿出来。这样的人考试能考一百分。如果你平常生活没有规律，整天东想西想，被子也不叠，房间里乱七八糟的，那么你的脑子里面也一定是乱七八糟的。你刚刚记下来的东西，等一下问你，也许就找不到了。因为你那个房间太乱了，你的"仓库"太乱了，所以你的记忆力就很差。房间要是处理得很干净，记忆力也会很好。

我们看一个坐禅的人，他身心静下来后，过去很多忘记的东西，又能重新回忆起来。有些岁数大的人为什么记忆会衰退？因为几十年当中，乱想的东西太多了。如果乱想的东西少，你的"仓库"——阿赖耶识当中所蕴含的种子都比较有规律，那么你大脑老化的可能性就比较小。你看我们上师在九十五六岁的时候，他的记忆力跟年轻人是一样的，甚至有过之无不及。为什么？原因在于他长期修行培养的习惯，阿赖耶识摄取外面的东西是有规律的。我们通过坐禅等方式修行以后，对外界的摄取也会慢慢地变得有规律。

比如说大家开始修无常观，你一天到晚想到世间是无常的，你看到任何情景，只摄取其中无常的这部分。那么看到无常这个道理以后，对于现实的人生当中快乐的，你要看到这是无常的，不要得意太早；痛苦的，知道这是无常的，不要伤心过度。你用无常这么一个货架，把所有世间的法，都给归类在无常的相上面了。当你修慈悲观的时候，你就想，一切众生都能成佛，你看到每个人都有佛性，都那么活灵活现——他们的自性就在他们的行为当中展现出来，习气不同展现不同的样子。你把慈悲心，同体大悲这个货架建立起来了。所以你在修的时候，看到谁都很慈悲，你的脑子里所摄取的这个世界的相，都是非常有规矩的，不会乱来。

平常我们没有经过训练的这颗心，摄取这个世界，分析这个世界，是乱来的、没有规则的。认识人，你认识不到根本上。人的行为有千差万别，你的妄想也变得千差万别，所以很乱。一个修出离心的人，基本上他把所观察的一切现象分为两类：一类是无常，一类是无我。无常是现象，无我是本质。看到一切都是无我的，他心自然安住于无我，所以，这样的心就很静，对外物他抓住了根本，心里不用乱。哪一天你要讲法，所有的众生有痛苦，有烦恼，你首先就给他们分类，你告诉他这就是无常。这是事实，不用讲得那么没有底气。你自己看到了无我以后，你就告诉他：世间就是无我的，不可能有一个我，认为有一个我，是错觉。怎么无我的，你把你的感受告诉他，使他也能够认识无我，从而得到解脱。所以，一切法都回归于自性。那么回归自性的这个心，就是阿赖耶识仓库中所蕴含着我执染污的这部分，也叫攀缘心。这个功用，实际上还是真心的功用。阿赖耶识就是我们的真心，蕴含了一切法的功能。我们的真心是常住不灭的。

阿赖耶识之所以称为阿赖耶识，是因为它有仓库的作用，把一切习气种子都集中在一起，有聚集的意思。蕴含的"蕴"，就是五蕴的"蕴"，就是聚集的意思，把一切善法、恶法都聚集在一起。因为它有聚集的功能，所以叫做生灭法，叫阿赖耶识。这是从生灭凡夫的角度去说的。如果不从生灭的角度上说，而从它的本质上说，应该叫做如来藏，叫做真如心。真如就是阿赖耶识，阿赖耶识就是真如。真如当中蕴含一切善法、恶法。当善法、恶法的种子生起作用的时候，我们就是在凡夫轮回的状态，叫做阿赖耶识。"集起名心"，称为第八识，我们说要明心见性，就是要看到第八识的真相。

那么"集起名心"是什么状态呢？当我们打妄想的时候，所有妄想的这些想法，都是蕴含在阿赖耶识当中。你闭上眼睛看一看，能不能看到，你的这个想法是从哪里冒出来的？它到底是存在哪里？电脑还有个硬盘，你这个想法到底在哪里？你要想了，它马上就出现了，你看不到它从哪里出来；你不想了，也不知道它到哪里去了。闭上眼睛不想的时候，好像黑乎乎的一片，什么都没有。这黑乎乎的一片，就是阿赖耶识。所谓黑乎乎一片，这种感觉是没有时间和空间，没有物质的世界。你闭上眼睛，整个天地万物任何相都没有出现，你看不到物质的世界，这是阿赖耶识的表面现象。

阿赖耶识的表面现象，跟第七识的功能是连接在一起的，所以，一般把第七识比喻为仓库大门的守门员——所有的种子都经过第七识，然后进入阿赖耶识。任何的想象，只有"我"经过了、认定了、认可了，才会进入我的大脑；"我"不认可，没有从"我"这里经过，进入不了我的大脑。这是一个非常要紧的地方。闭上眼睛的时候，我们看不到阿赖耶识，怎么办呢？我们只能在六七两识当中用功夫。参禅的人跟念佛的人，在第六意识把妄想停下来；在第七识，看到自己了了分明，却不停留在这个状态，然后要一直钻，就是往闭上眼睛什么都没有的地方去钻，钻钻钻……把阿赖耶识的大门打开，就能看到我们的真心。真心是"何期自性，本自清净；何期自性，本不生灭；何期自性，本自具足；何期自性，本无动摇；何期自性，能生万法"！一切法都是阿赖耶识展现出来的，这就是真心的境界。

　　我们看到自己的心，看到心里所蕴含的这些种子聚集起来的时候，有一种感觉，就是脑子里所想到的"那个是我的家，那个是我讨厌的，那个是我喜欢的，那个是我曾经认识的，那个事情我是刚刚知道的……"这一切，都蕴含了"我"在里面。所以，攀缘心，也可以说是第八阿赖耶识的我执习气，它是像瀑布一样的、非常汹涌澎湃的瀑流。习气之流冲过来了，我们无能为力，所以一天到晚感受到我的存在，感受到我在这个世界上。这就是我执的能缘之心，攀缘之后产生的习气，以及攀缘之后产生的境界。

能攀缘的心就是我们的第七识，攀缘之后产生的习气就是阿赖耶识里面的种子，攀缘的境界就是意识。所有的凡夫、所有的生命，都停留在这三种状态，叫做生死根本。

二、菩提涅槃

七处征心以后，我们又容易落入断灭见——心不在内，不在外，哪里都不在，我们就想，那没有心了。这是不对的。不是没有心，而是一切生死根本，都是把攀缘心当成自我。"用攀缘心，为自性者"，这是无始劫以来的生死根本。我们想消除生死，如何消除？佛说，第二种根本就是菩提涅槃。

"则汝今者，识精元明，能生诸缘，缘所遗者"。"识精元明"这个词比较深奥。"识"就是认识，就是六识、七识、八识的"识"。能产生分别，了了分明地思量，乃至能够感受到自我的存在，感受到我执习气的翻滚，这种心就是一种识心，就是认识、分别的心。识心是怎么生起来的呢？它一定要有它的精神实质，它的精神实质就是"识精"。我能够看到你们，知道你们是男女老少，知道男女老少分别的是分别心。但是为什么我们会知道，而这个木头为什么它不知道呀？人与木头有别，区别在什么地方？就是在这里。我们有识精，认识的精要、精神。讲精神，又容易误解，让人感觉好像是跟物质对立的东西。实际上这个识精，说得明确一点，就是我们的真心。识，是我们的妄心。妄心是无体的、没有实质的，妄心的本质就是我们的真心。水中的月是没有实质的，那怎么会有水中的月呢？这是因为有天上的月，没有天上的月，水中的月是不可得的。没有真心，我怎么可能会分别？所以会分别的这个性能，一定是我们的真心在起作用。

六识，是攀缘的情景，攀缘之后的境界。我现在心里想到这个佛像，所攀缘的这个情景在脑子里出现了，这个时候如果建立在我执上，认为"我"现在想到佛像，有个"我"在想，这就是攀缘心，就是第六意识的分别心。意识所分别的法尘、能分别的意根，能所加在一起产生意识，意识产生以后，不停地再产生意识，形成种子存在阿赖耶识当中；这心、意、识三者全部是生灭法。我从心中给它舍弃掉，不承认这个我的存在，不承认有个自我，不承认这个攀缘心是我，那么这时候你想到佛像，这个会想的功能不会丢失。

不是说你生起了"想到它"，就一定是你的意识在分别。实际上东西还是一个，还是意根缘着法尘，然后产生意识。但是现在呢，你意根缘法尘，不建立分别，不建立我执的自性见——就是说，凡夫以攀缘心为自性，为自我，而我们现在不产生自我的知见以后，脑子里面出现什么情景，就告诉大家出现什么情景。这个情景出现，是智慧的分别，没有在现量境界上再附加其他的东西。比如你脑子里出现了房子，你只是告诉他：现在我想到了这个房子，房子挺好的，你去住可以；那个房子不行，你不能去住。你看，东西还是一个。但是如果有了我执，就是建立在一种错误的、混乱的分别状态上；如果没有我执，这种分别就称为智慧，第六意识就转化为妙观察的智慧。它的前提是第七识转化为平等性的智慧。

平等性是什么呢？就是我们能攀缘的心、意根的心、我执的心，就像镜子一样没有我，像虚空一样容纳万物。它只管容纳，只管像镜子一样照了万物。照了以后，还是属于第八识，但是转化为大圆镜智。第七识完全平等，你来了，我对你是这样，他来了，我对他也是这样，同样的状态对待不同的现象。用守门员打个比喻，平常我们会想：这个东西我讨厌，不要；那个东西我喜欢，我放进仓库把它存起来。你在讨厌和欢喜当中，每一次、时时刻刻都在选择。遗憾的是，你只要一讨厌，这个讨厌的种子，其实也是存在你的阿赖耶识当中。所以你是无能为力的，你做不了主。人生几十年，如果你能忘记痛苦，肯定是只有快乐。可是没有人能忘记痛苦，为什么？因为第七识它从来不去管是喜欢的还是不喜欢的。表面上我一定要选择喜欢的，你看，我们大家一天到晚就是"喜欢的"、"讨厌的"，每天都在选择。事实上它不选择，它一天到晚就是什么来，就把什么存到阿赖耶识当中，所有的一切都存到里面。所以，与其在那里选择了半天，还不如不选择。

　　干脆不选择，它来了你就让它进来，它只要进来，你就把它摄持在阿赖耶识当中。这样，你会发现情景完全不同了！原来是，你要选择的时候，你会不停地生起贪嗔，好的、不好的，痛苦的、快乐的，这些感受不停地生起来，伴随着我执。一旦没有我执，不再选择了，那么——当你见到这个人，"噢，我知道这是人，进来吧"；看到这是畜生，"好，这是畜生，进来吧"；这个人是修行的，"好，修行人，进来吧"；那个人是捣蛋鬼，"好，捣蛋鬼，也进来吧"。你摄持，不分别，很平等，对谁都一样——"反正都是要进来的，我不去分别了"。你发现痛苦没有了！第七识它在转化了以后，你去容纳、包容一切恶人、一切善人的时候，这些种子，阿赖耶识是一样收的，但是它收到的信号——我们对生命的感受，完全不同。凡夫心感受的信号是胆战心惊，怕死怕苦；平等的人、没有我执的人他是一点都不需要担心，善恶是非清清楚楚，来了就来了，把它摄持进来，去了就让它去。

　　当第七识平等以后，第六识完全就成为妙观察的智慧了，第六识的分别就不叫妄想了。为什么要让大家认识到这颗心的重要？在这个妄想的"想"当中，当你在想的时候，只要执着在相上，就会有快乐，有痛苦。但如果你看到，伴随着所想的相，你想的这个心没有生灭——你感受到柱子也好，感受到凳子也好，想到一个苹果也好，想到苹果烂了也好，在你这里，伴随着苹果、柱子而生起的妄想，只是一个无常的相，而你的心是完全没有生灭的。你让一切万法都在没有生灭的心当中显现时，你的分别就成为智慧了，它的背后没有任何副作用。

所以转八识能够成为四种智慧——大圆镜智、平等性智、妙观察智和成所作智。第六意识成为妙观察智以后，所有的想法没有一个是有错误的。这回你们知道禅师为什么那么自在，那么洒脱了吧！前提是他已经认识到平等的感受了，在平等的觉受当中，一切想法都没有错误。所以祖师告诉我们"万法无咎"，世间万法都没有过咎，没有任何错误。你想到一件事情，并没有错；你想到两件事情，也没有错；你一天到晚都在想，也没有错。如果你看到了背后的真心是平等的，那么就会看到，在想的同时，并没有一个能想和所想的东西，这就是意识心背后的真心。

所以佛告诉我们"识精元明"，"元"就是原来，无始劫以来，原本就是明明了了的，一直都是这样。我们的眼睛看到万物，能看到的这个功能从来没有丧失，举手投足都有这个功能，但这个功能平常人看不到，平常人只看到这个相。我用骑自行车的比喻，自行车大家会不会骑呀？我估计大部分人都会骑。骑车的技术有没有？有的。再问一次，有没有？没有。骑车的技术哪里有？你拿来我看！

骑车的技术，说没有，不对；说有，也不对。既然说有、说没有都不对，我问你有没有就错了。但是你有没有看到，我还有问你的技术呢，你们有看的技术呢，我有想的技术呢。在哪里啊？现在你们会骑自行车的人坐在这里，我们眼睛看过去，根本看不到有骑车的技术，你们自己也找不到，无论用什么方法。在你的身体上，哪怕把每一个细胞都解剖开来，也找不到骑车的技术。在你的脑子里，就是把脑神经细胞全部翻一遍，也找不到一个骑车的技术，是不是？根本找不到！它是不占空间，不占时间，没有形象，不存在的。

但我一讲没有，大家就傻了：骑车技术明明有，怎么没有？那么，在哪里能看到呢？拿一部自行车过来，骑上去我们就看到了。能不能看到骑车的技术啊？能看到，在自行车上面就能够看到了。所以在奥运会上，我们就能够看到哪个是冠军、哪个是亚军。骑车的技术好与不好，都能给它打分打出来。为什么打得出来？因为他骑车的时候，他的技术就表现出来了。但是表现出来的时候，我们说：哎，我看到了，你骑车技术很好。而事实上你看到了这个技术没有？还是没有。你只是看到了他在车上，你最多只看到了他和车，只看到这两样，然后呢，看到车摆动的程度有多少，于是你评判他技术有多少。只是看到了人和车，其实技术还是看不到的。我们的心性也是这样。可以说，明心见性，能看到，绝对能看到，不但是我们的心眼能看到，我们的肉眼也能看到。肉眼也能看到自性——看到自性生起的作用，看到自性在六根门头放大光明，随时随处都能看到。但是，你说真看到了没有？我们的眼睛看过去就是人，就是这些色法，你哪里能在色法之外再增加一个东西呢！

有些人打坐的时候，坐得舒服了，眼睛睁开，前面一片光明，"哇，师父，我见到光明了！是不是自性?"那光明只是光明的色尘而已。有人问师父："我打坐的时候见到佛了，这说明什么问题?"师父告诉他："这说明你的眼睛还没有瞎，就这么简单！"因为你眼前出现的任何一个情景，都是你所对的境而已，你不要把那个境看得太真实了。你执着那个境，认为自己打坐的时候见到什么了，那其实都只是一个法尘概念而已。你攀缘上去，就跟我们现在想吃苹果拿过来吃一样，没有任何区别，你并没有见到自己的真心。

真心、心性，它是没有样子的，但可以表现出来。就像骑自行车的技术在车上骑的时候可以表现出来，但是这个技术本身并没有样子。我们有分别的技术——第六意识妄想。这是什么?（竖起一根手指）有没有看到？你看到了，你有看的这个本事。这个技术在哪里啊？它既不是手指，也不是你的眼睛，明白没有？就像骑车的技术，既不是人也不是车，只有人在车上时，你才能看到骑车的技术。

如何是佛？祖师竖起一根手指。你看看！所以我们六根对六尘，所对的全部是"自行车"，能对的全部是"自行车上的这个人"，对在一起的时候，你的心性不在这里还在哪里呢！

"识精元明"，为什么叫"识精元明"？"识"，特别强调我们的意识分别，因为意识是六识（眼、耳、鼻、舌、身、意）当中最活跃的一个。前五识都是伴随着第六意识生起的，叫做五俱意识。前五识不能单独生起，只有跟意识在一起的时候才可以。你眼睛看到了这个佛像，意识开始分别：这是佛像，好。如果眼睛看到前面，意识不起来，那么看到谁都是一样，可能看到爷爷叫儿子——其实也不会叫儿子，叫儿子已经有分别心了。我们不分别的时候，看到什么你都不知道叫什么。

这前五识对五尘的时候，它只是明白，并没有分别的第六意识加进去。只有意识加进去了，分别的作用才会生起。意识跟耳识加在一起时，你听到这是电风扇的声音，这是讲话的声音，马上就分别出来。但是你意识不加进去的时候，你听到什么了？什么都没听到，你不知道是什么。有些人发愣时，眼睛瞪得大大的，你从旁边走过去了，他也没看到。他的意识不在那里，不跟这个眼识合作，虽然你在他眼前过去，他看不到。只要意识跟眼识合作了，就能看到。六识，就是六根对六尘。产生六识的过程当中，都是伴随着我们能分别的技术。每次骑自行车的时候，都是伴随着你的骑车技术，离不开的。你想离开也是不可能的，百分之一百不可能。

我们现在能够看见山河大地，能够听到，能够闻到，能够感触到冷热，能够想到一切善恶之法，都是伴随着我们有这种想法、有这种看法的性能而生起来的。这个性能就是我们的识精元明。本来再清楚不过了，我们骑车，一上去马上很清楚地就看到技术了。我的手一举，你看，我有举手的本事，跟骑车的本事一样，你们都能看到的。我手举得多高，都能看到。我放下来，就有放下来的本事。我坐在这里，有坐在这里的本事，是不是？所以，人不但看到他自己的自性，还能看到众生的自性。我有这个本事，我像一个骑车的人一样，在这里展现出来给大家看，其实你们也在展现给我看，山河大地都在展现给我们看。这个性能随时都存在，但是我们往往忘记了这个性能！

我们会在意这个人的车很贵、很不错，你往往只想到了人，想到了车，结果呢，把他的技术忘记了，这样的人做评委是没用的。你做评委打分的时候，人家给技术打分，你却给他的车打分，这不是颠倒了吗？

"识精元明，能生诸缘"。这是我们这个"识精"，我们的自性，本性清净，能够生起一切万法的作用，能够分别一切万法，任何作用都是我们心性生起的作用。但是呢，当生起了这个作用以后，我们往往是抓住了作用，抓住了这种缘，却把能生的性能给忘记了，所以叫"缘所遗者"。抓住了缘以后，就随着这个缘去抓，而把能生缘的这个"能"，就是性能的"能"忘记了，遗失了，叫"遗此本明"。本来眼睛能看见万物的，很清楚，结果呢，你心这么不定，这里抓一下，那里抓一下，把这些一下一下抓住了以后，却把自己能够看、能够听、能够嗅、能够说、能够触、能够想、能够动的性能全部忘失了。

这里讲"能"，大家要注意，"能"有两个概念。

一个是"能所"的"能"，就是意根。我看见你，我是"能"，能看的；你是所看的。骑自行车这个人，是能骑的人；车，是所骑的车。这个"能"是生灭的根本，就是这个"能骑的人"。

但是骑车的技术，他一定是跟车结合在一起时才表现出来，这是性能，是另一个"能"。性能的"能"，是没有生灭的。"缘所遗者，能生诸缘"。"缘所遗者"的这个"能"是指性能，是我们的自性。认识到我们具足举手投足、吃喝玩乐的性能，所以说到这个性能的时候，祖师大德告诉我们："在眼曰见，在耳曰闻，在鼻曰嗅香，在舌曰谈论，在手曰执捉，在脚曰运奔。"脚能走，手能动，身体能感触，思想能想，这就是我们的"菩提涅槃"，这是第二种根本。

第六节 自性的"六种震动"

大家静下来看一看，每个人动的时候很有意思。你一动，就看到有动的本事；你一开口，就知道有开口的本事；烦恼的时候，想到那个烦恼你就知道，我还有烦恼的本事。这也不错呀，是不是？烦恼就相当于你骑着破自行车，破自行车很讨厌，但是没办法，而人家开宝马有开宝马的本事，开得很快，就是这样。烦恼、痛苦和快乐实际上是一样的，它只是一件事情而已；好与坏也是一样的，只是一件事情。当你看到了这只是一件事情以后，所有的事情就没有坏事情了。

永嘉大师说："穷释子，口称贫，实是身贫道不贫。"反过来，虽然物质上富裕，穿着很好的衣服，但如果烦恼了，不知道自己是"骑自行车的人"，这是内在真正的贫穷。世间万法为我所用，非为我所有，能够运用一切万物的，就是智慧，而且这背后并没有我。如果没有我，这一切法都成为妙用；如果没有我，你的整个身心，这一生乃至生生世世，所做的任何一件事情，都不会有任何差错。但是因为有我了，我们就有所偏执，有所痛苦，就想拥有很多东西。但实质上，你想拥有的，最多也就是指甲上面的一点点泥土，而真正能够用的东西，你却把它遗失了。

我们有自性的光明，可以看到一切万法，可以生起一切万法的种种享用，但如果你追逐某一点事情的时候，其他的东西却成为你的痛苦，而不能享用。

佛在十方法界能够来去自如，就是因为他超越了六道，超越了九法界，每一个法界都可以成为他的妙用。在当下，他能够非常安心地把每一种情景都体现出来，背后却没有那种凡夫的痛苦。我们的痛苦实际上是一个错觉。那么，自性到底在哪里？明白了这两种根本，我们就非常清楚地知道，就在我们的六根门头放大光明。佛要讲大乘佛法的时候，包括《楞严经》，一定是大地平沉，六种震动。

这六种震动，有三个层面的境界：第一叫动，第二是遍动，第三叫等遍动。

"动"的是什么？就是六根。你看到六根在动，这就是佛要讲法的表法。六根如果不动了，那就是木头了，是死的。六根在动——眼睛在看，耳朵在听，鼻子在嗅，舌头在尝，身体感触，思想在想，你动到哪里，哪里就显现出你的自性。如果实在看不到，拿辆自行车去骑骑，你一定要看到这个骑车的技术。任何情景，只要在你眼前出现，你就能看到：我有看它的本事。你看的性能在哪里？既不在眼上，也不在物上——不在任何一个物上，实际上它又是无所不在。我现在看东边的时候，东边清清楚楚。东边就相当于是我的自行车，我骑东边这个自行车，我的技术在这里展现出来了。我现在转过来看西边了，西边的自行车我又骑了，西边的情景又清清楚楚展现出来了，东边就看不见了，我有看西边的性能。

六种震动就是：东涌西没，西涌东没；南涌北没，北涌南没；中间涌四边没，四边涌中间没。"东涌西没，西涌东没"：东边涌出来了，西边沉没了；西边涌起来了，东边就沉没了。看到那边，那边显现出来，这边就没有了。但是，你看到东边跟看到西边，转过来的这个过程，你的技术并没有任何动摇。你能看的性能，并不是从东边跑到西边来了，跑到西边的是你眼睛的视线，性能没有动。大家看到没有？看到这边了，这边显现出来，你的生命就在这里显现，你的自性也在这里显现；看到那边，你的自性就在那边显现，这边就不显现了。所以，你的六根所对的、显现在你眼前的事物，就是你的世界、你的境界；没有显现的事物，它只是现在没有显现，因缘成熟了，任何情景都可以显现。"南涌北没，北涌南没；中间涌四边没，四边涌中间没"也是一样的道理。

所以，六种震动，就是让佛弟子们体会到，佛讲大乘法就要在六根门头放这种光明。六根所对一切法，六尘，从根对尘，叫做"遍动"，就是普遍地动。六根一下对着六尘，全部对上，看的、听的、嗅的、品尝的、触的、想的，全部都是自性在显现。但你不要把自性看成是六尘，也不要把自性看成是六根，只是当根尘相对时，显现出你的性能，这就是"遍动"。

"等遍动"呢，就是分析。看到它了，你还要分析：这个人穿红衣服，那个人穿白衣服。你分析了，也是平等地看到，分析的性能也显现出来了。这就是妙观察的智慧，叫做"等遍动"。

六根、六尘、六识，无一不是真心妙用，这就是我们讲的"本如来藏，妙真如性"。这在《楞严经》的第三卷、第四卷当中讲得非常详细，讲了二十五有——六根、六尘、七大、六识，没有一个法不在显示出我们自性的妙用，没有一个法不是我们自性的显现。"能生诸缘"，就是六根、六尘、六识、七大，所有的条件组合、聚集而起的缘起法。能够生起这些缘起法的，就是我们的真心——如来藏，"本如来藏，妙真如性"。对自性的这种认识，我们要亲自去感受才能体会得到。你不能把它当成学习来的知识记在脑子里，记在脑子里面是一点用都没有的。你把骑车的技术记在脑子里面，那有什么用呢？记在脑子里的，也就是那么一个概念而已，你要去真心感受它。

第七节　凡夫的两种邪见

通常修学佛法的人，都会有两种错误的观念聚集在心中。

一种是想把这个"我"带到成佛的地方去——"我要成佛，我要了生死，我要往生极乐世界，我要开悟"，以为要把现在修行的这个我，带到开悟的境界里面去。这怎么可能呢？你认为的这个我是一个幻觉，只有打破了这个我，你才能开悟，而你偏偏不想打破这个我，还要把这个我带到开悟的境界里去，那是带不进去的。你最多就是在脑子里画个开悟的图景，然后把自己这个"我"硬拽强拉地拉到那个图景中去，然后说：噢，我现在开悟了，我感觉很舒服。这是第六意识妄想构造了一个开悟的境界，然后妄想把这个我安住在开悟的境界当中。这是一个错误的想法。这种感觉是什么呢？我们会想，开悟一定是一种境界，成佛一定是有个东西在那里让我成的，有没有这种感觉？要是没有个东西让我成，我还努力干什么，是不是？我们总以为有一个东西在那里，我要抓住那个东西，抓住了，那我就成佛了。以为有一个东西让我可以去那里，可以把这个我改变，变化成跟它一样的一个东西，这叫做常见外道。

比如，通常有人问你：骑车的技术有没有？有。你认为骑车技术是一个东西，那你就错了。它根本就不是一个东西，它不占据你的任何时间、空间，也不占据你的大脑，没有任何占据，这就是我们的自性啊！但是，如果你认为骑车是有个东西的，请你把骑车的技术描绘给我看，讲给我听，到底是什么样子的？你所讲的一切都不是这个技术。通常人们会落入常见外道，认为我是不会死的，或者认为我死了以后，来生还可以做人，来生还有轮回……轮回解脱了，这个我就成为罗汉，成为菩萨，成为佛了。有一个"我"从这里一直一直往上走。认为有一个"我"可以去解脱，可以去成佛，觉得这个"我"是可以去的。这种感觉就是常见外道的感觉，是外道见、凡夫见。凡夫是有这个观念的。我执没有破之前，发起来的菩提心，都是伴随着这个常见。常见认为有永恒，是邪见。

　　那么第二种呢，我们一听说世间万法皆是缘起，十八界都是生灭法，生灭法是缘起的、无自性的，无自性就是毕竟空。一听到毕竟空，我们马上就想了：噢，那心性是空的，什么都没有。于是有些人，特别是有些喜欢打坐的人，就开始在那里想了：既然是空的，你只要讲有就不对。所以，你叫他学早晚课，他说是空的，没有必要学；你让他去做一件善事，他说，哎呀，自性清净心，一切法不可得，不去做了。让他做什么他都不做，什么都不做，他觉得自己悠哉悠哉，这就是落入了断见，就是认为什么都没有。认为空性是没有的意思，没有佛可成，没有众生可度，这叫断见外道。就像认为骑自行车的技术是没有的，那就傻掉了，人家分都打得出来，你却说没有。

所以我们要看到，在六根对六尘产生六识的现象当中，实际上每一个法都是没有生灭的，都是如来藏、真如本性的显现。当它显发出来，你在这当中，给它增加常见和断见，都是错误的。

凡夫的错，就错在增加常、断两种邪见。常见、断见为什么会是外道？你用心去感受一下：我们的眼睛有能看的性能，那必须在你看到事物的时候，才能显现你有看的性能，闭上眼睛看到黑暗，看的性能还在；但你不看的时候，它就没有显现。耳朵听到了声音，你有听到声音的本事；你没听的时候，实际上这个本事没有显现出来。你想到了东西，会想的这个本事就显现了；不想的时候，想的本事就没有显现出来。所以你要在六根、六尘、六识当中全身心地去体会，你的性能在哪里展现出来。你看，坐在这里，你感觉到冷，感觉到热，感受到坐着腿痛。六根所对的一切，不落在六尘上，也不落在六根上，更不落在六尘、六根产生的分别上，这时候清清楚楚、明明白白，这就是我们所谓的识精元明。你执着在一个点上，就把我们真正的元明给忘记了，把真正的技术忘记了。

地藏王菩萨即使在地狱里面，他手上还拿着明珠。明珠是代表光明，代表智慧。智慧不是具体的一个东西，而是一定在事相上显现出来。智慧不是脑子里背下来的一大堆经文，或者是什么概念，而是你对事物的觉照能力。当这种能力显现出来，你的智慧就显现了——当你的六根对六尘，不被六尘所染，而六根和六尘的境界你却了如指掌。你的起心动念为什么会生起？过去的记忆是如何存进去的？现在通过这个记忆，如何去利益众生？如何生起慈悲心？你非常清楚啊！所以，一旦见到了真如本体，见到了我们的真心，就能够生起一切万法的妙用。何期自性，本自具足一切智慧！六祖大师说："弟子自心，常生智慧。"这个"心"，它的智慧是随时在生起作用的。你不要以为拥有智慧的人肯定拥有一个很宝贵的东西，其实他什么都没有拥有。我们每个人都平等地拥有这种智慧。

第八节　十番显见

一、显见是心

讲到六根六尘，讲到我们真心的境界，佛对阿难又进一步地表述，识精元明到底在哪里。

识，就是分别意识。分别的背后有分别的性能，分别的性能在什么地方呢？这就是《楞严经》里面非常著名的十番显见，通过十个角度来告诉我们。

这个见，就是我们的心，就是本元自性、常住真心。六根当中，在眼是见，通过眼见来代表六根的妙用。见闻觉知是生灭法。能见是眼根，能听是耳根，根尘对立产生识，能所都是生灭法。觉，指身体的感觉，就是触、感触；知，就是意根；鼻子闻、嗅，就是嗅觉；舌头尝，就是味觉。见闻觉知本身是生灭法，所以我们不要以为见闻觉知就是真心，那就把攀缘心当成真心了。眼睛是能见的，耳根是能听的。能见，见到所见，见的性能跟见的本身是两回事。所以，见闻觉知性就是自性，见闻觉知却是生灭法。就像我们说，我有骑车的技术，"我"是生灭法，技术不是生灭法。"我"可以表现出来，我的技术在车上其实没有表现出来，但它可以生起这种作用。所以，一切作用都是自性在显现。

我们现在能够看到外面的万物，开眼看到光明，闭眼看到黑暗。如果眼睛坏掉了，看不到外面的东西，只是能看到黑暗，这看到黑暗的，不是眼根——记住哦，看到黑暗，是我们有能见的性能。你就是把眼根所有的视觉神经系统全部掏光了，黑暗的感觉还是感受得到，这个觉性还是在。就像我们把灯光关掉了，看到这个房间是黑暗的，打开了，看到这个房间是光明的。这个眼根所起的作用就像是灯光一样，能看到或不能看到是缘起法。而我们的心性呢，闭上眼睛我有能看的性能，睁开眼睛也有能看的性能。这个性能不是眼根，不是色尘，但不离开眼根，不离开色尘。它不能离开，离开了就看不到了。

《大般涅槃经》里面有讲，要眼见佛性，要闻见佛性。

有声音的时候，我能听到声音，没有声音的时候，我能听到没有声音，这个性能不会改变的。你耳朵聋了，声音听不到了，可是你能听到静的、没有声音的状态，这个性能不会消失。这个性能在梦里也不会消失，在任何地方都不会消失。

"闻见佛性"是比较模糊的，但是"眼见佛性"是很清晰的。我手这么一动，你们的眼睛只要看过来，第一，你看到我手在动，也就是身根在动，因为手是身体的部分，那么我有动的性能；第二，你们能看到，是你们的自性的作用。手相当于"自行车"，你看过来了，"骑车技术"你就看到了。比如你看到佛像，就看到你能见的性能，所以不需要选择所看的对象，也不需选择能看的眼睛。你的性能无所不在，无所不包，而且它本身是没有分别的。有分别的，是眼识，是意识。你看到它，这个性能在这里显现了。看到这边，在这里显现。所以，你看到什么都是清净庄严、无与伦比的。这个功夫可以好好用哦！

后面讲修道，都是建立在正知见上、见道上。没有见道的人，他修道实际上是修垃圾、修妄想，走冤枉路啊！但冤枉路也要走，垃圾堆堆堆，堆到最后，就"火宅化红莲了"，火宅里面，烦恼就转化为菩提了。但实际上，真正的意思，烦恼永远转换不成菩提。烦恼是无根的。水中的月亮，怎么可能会变成天上的月亮呢？变不了的。只有你方向正确了，顺着水中的月亮，看到天上的月亮。我们不要以为，我修行很用功啊！通过这么辛勤的修行，我肯定能够见到自性。你有修的法，一定见不了自性。自性不是你修来的，本来就是元明，本来就是如此。

所以，十番显见，第一番就是显见是心，你所见到的就是你的心。这个时候你会不会讨厌，不想去看那个人？不去想那件事？你想一想看，过去的一切仇恨、一切是非、一切好坏、一切善恶，你所想到的、能想起来的，只要是有图景、有相出现的，都伴随着你的心。就像我前面讲的这个"想"一样："想"，就是"相"下一个"心"。这个相你能看到：睁开眼就看到外面了，闭上眼睛想的时候，用的是心眼。有人说"你这人心眼太多了"，这个心眼就是指看到我们心里这个相。我们也能看到心里想的什么相，而伴随这个相，一定要体会到，你有看的这个性能。为什么自性是遍一切处，无所不在，一尘不染？照相机有照相的性能，电风扇有转的性能，万法性空，轨生物解，任持自性，每个事物都在显现它的作用。

天台宗又讲，无情有佛性。你看，电风扇的性能它转的时候在显现，不转一样在显现。你再看，佛像是不是有佛性呢？我们看到他就知道他是佛，我们拜他，他的性能显现出来了。蒲团有没有佛性啊？也显现出来了。你打妄想有没有佛性啊？也显现出来了。所以，所有的见，你只要看到了在你眼前显现的东西，就是看到了自性在这里显现。前提是你不执着这个相，你要通过这个相看到它的性能，通过骑自行车看到它的技术。没有相的时候，它也遍一切处，只是没有显现在哪里；没有骑车，这个技术不知道在哪里，你不要去管它，只要有车它就能显现出来。我们的眼睛只要是看到了，你的佛性就在面门放光，你就能看到了；要是闭上眼睛，你能看到黑暗，佛性也一样在放光。你没有注意看，而是注意听的时候，那在眼睛这里就不放光了，而是在耳朵这里放光；你又看又听，眼睛、耳朵互用，那就在眼睛、耳朵这里同时放光；如果又看又听又想，那就在更多处放光了；你什么都不想，它就没有显现。

小乘阿罗汉证入涅槃，不起妙用，就是他的六根、六尘、六识，全部给扔掉了，不管了。他不看，不听，也不想，进入涅槃，没有生灭。可是，这就是真心的本体呀！只有在一切相上，才能够显示出真心的妙用。所以大家要多看，东看看，西看看。看到东边了，在东边，这个性能显现出来了；看到西边了，性能在西边显现；你看自己的手表，又在手表这里显现了。你如果看的时候还被外物所转，还被你的眼根所骗，那就很对不起，你永远只看到这个人的自行车很漂亮，这个人长得怎么样，而骑车的技术如何，你偏偏不打他的分数。

　　十番显见，第一番就是在见上见到真心。这个感觉是很舒服的，因为真正的开悟，就是你观念的转化。我们本来有一个我执的观念、妄想的观念，把妄想攀缘心当成自我了。这个观念现在转过来，只有遇缘的时候，显现这种能看能听的性能，你感受到自己有这个性能。你所对的一切——现实生命的存在，能感受到的这个世界，都是你的性能。拉肚子是性能，吃饭也是性能，没有离开我们的心性。所以，所有一切法、一切尘，在你这里完全没有任何错误，任何一法显现的时候，都显现出你的心性。所以，见就是心，这要确定下来。你把能够看的、会看的这个性能确定下以后，原来认为有个"我"的观念，就没有生存的土壤，那个我执——平常斤斤计较、一定要让我怎么样的那些感觉从此消失。"我要成佛"、"我开悟了"，这些想法也会消失。没有一个我可以去开悟，只有根对尘显现的性能，明白没有？

　　我们的生命真相，只有根对尘显现的性能，除此之外，无有一法可得。这个性能既不是根，也不是尘，也不是识，所以它是无生灭法，而根尘识是生灭法。一旦体会到这个，你再去看：这个性能是眼根？不对。耳根？也不对。因为耳根、眼根都有能所对立。六根不对，六尘更不对，根尘产生的分别、计较也不对。在哪里呢？就在六根门头，遇到什么，什么就显现，一点造作都不用。佛讲法四十九年，就围绕这个东西，历代祖师大德、各种禅宗公案，要点拨大家直接见性的，也就是这个东西，除此之外，没有第二个，所以叫一真法界。只有这个"一真"体会到了，那么一切六尘、一切六识、一切分别都没有罪过。一真法界体会到了，万法、分别全部消失。所以在眼前，能见的，你去感受，觉受生起来，我执淡化掉，再也没有一个受苦的"我"。只有对境产生的这个现象，不对境就没有显相。

我们这颗心是没有相的，只在对境的时候，才显现你有一颗心。当你想到那个东西，只有被想的那个东西出现了，你才知道有一个心在想，如果没有出现，你的心在哪里？根本就没有！没有到车上，你的技术就显现不出来；一到车上，你的技术就显现出来了。我们生命的本真，本真如的这个妙明真性，就是这个东西！一切时间和空间都不能使它改易，不能使它变化！所以它没有生灭，也没有任何时间和空间的观念，三际平等，十方圆融。用眼睛去看，你走路也要看，随时都在看——不落在尘上，不落在根上，不离开根尘，只看到这个性能。拿扇子扇的时候，手的动作、身体的动作，我们都很清楚地看到有这个性能。哪怕睡觉睡得不好，我们打个哈欠，都看到这个性能在这里起作用，不是别的。这个性能在每个人的六根六尘当中，时时刻刻都在显现。

所以，真见到佛性的人，抢刀上阵也能见性。他不会说，在我提起觉照时才能看到自性，我不提觉照时就看不到了，这是笑话。提起觉照时才能看到，这还叫见性吗?！这最多是见到一个能所对立的"能"这个根——意根。提起觉照了，我现在不妄想了，然后我明明了了。这时候"我"能看，你们是所看，就停留在能所的对立上。把所看忘记了——"我"一切境界都没有了。把一切所看的忘掉，然后保持自己能看的，这其实是我执。如果在这里认为自己见性了，他的我慢就像高山一样堆积起来，越来越厉害。他看别人会觉得谁都是凡夫，唯独自己是圣人。真见性的人绝对不会有我慢，为什么不会？因为你见到了，你跟电风扇是一个德性，跟粪便也是一个德性。

"佛是什么?"禅宗祖师说："干屎橛。"你看那个粪便，拉在那里，太阳晒干了，滞起来一块，叫干屎橛。是什么？是干屎橛啊！你的心性，这个性能显现出来的作用，和它没有任何区别。山河大地，万法如此啊！怎么可能会生起我慢呢？当然在这中间，他也不会生起自卑，不会说：哎呀，我跟这些罪恶的凡夫一样，跟地狱饿鬼众生一样，那不行的！我一定比他们高明，我一定是有修养的。不可能啊！因为他跟佛，跟菩萨，跟一切众生，本质上完全一样。

现实轮回当中的所有众生，都是停留在能所对立的我执当中，倍受苦毒。三界无安，犹如火宅，就被这个根尘纠缠得不能自拔，不能超脱。有多少痛苦纠缠在每个众生的心中！你硬要爬到天堂上去，还想象着"我"在天堂上享受，所以，非被这个我执的高山把你压到地狱里面才甘罢休。在地狱里面死死地挣扎，恶业报完以后出来一点点，在几十年的人生当中赚了一点钱，得了一点地位，就觉得自己很荣耀了，实际上完全没有任何自由可言。

二、显见不动

所以，菩萨见到这种心性以后，他生起来的唯独两种心。

一是他看到了无始生死根本。一切生死伴随着我执而产生的这个世界，他看得很清楚，包括自己的起心动念具足哪些条件，他也看得很清楚。比如说"我想要苹果"，感觉有"我"的那个感觉，就是我的意根——轮回的根本。此生来这里，就是由这个轮回的根本伴随着来的。苹果是一个尘，外界的尘，"我"对它产生了这种作用。在这个过程中，你注意了自我的存在，你就是凡夫；你一看到已经没有自我了，只知道有这种功能——我有想到苹果的功能，这个功能是没有善、没有恶的，这时你想一切法都是清净的了。

智慧就在你触对逢缘时，你接触到什么人，面对什么事，遇到什么样的缘分，都是让你生起智慧的时候。你看到某个人被打，很痛苦，你就告诉打的人：不要打，他很痛苦。这就是智慧，很简单吧！你看到自己的心，想到那件事情：啊哟，我想如何如何，难受！你看，知道自己这样想——攀缘，是难受的，智慧来了吧！所有的烦恼痛苦到你这里，你都很清晰地就看到了。因为你知道这中间，你所在意的是你有这个性能，而不是在于你拥有多少，失去多少，得失之心一点也没有。不需要有得失之心，得也得不到，失也失不掉。

第二个特点就是他会生起无尽的慈悲。你一看到山河大地、万事万物，都是在显现它的这种功能、这种性能，这一切都是自性在显现啊！常住真心！你怎么忍心让这些"佛菩萨"，让这么清净、这么庄严的自性，这么伟大的生命，沦落在生死痛苦当中呢？不忍心啊！每一个人都具有这样同等的性能。我们这里有人戴眼镜，有人没戴眼镜，看得清楚和模糊的情况不一样，但事实上能看的性能一模一样，只是一个是看得模糊一点，一个是看得清楚一点；坐前面、坐后面也是一样。

所以，释迦佛才告诉我们，一个开悟的人、见到自性的人，观三千大千世界，如观掌中庵摩罗果。庵摩罗果是印度当时很常见的一种果子，拿在手上看，条纹很清晰，质料、感触很清晰。你现在观察三千大千世界，那么遥远，你可能想不起来，看得很模糊，但实际上它跟面前的庵摩罗果是一模一样的。因为当你观察时，只有能观的性能在显现，且这个性能任何时候都是一模一样。思维分别一切法，却不着一切相，"善能分别诸法相，于第一义而不动"，因为没有一相可着，所以没有动摇。

我看到你，我就知道，看你的性能在看你时显现出来了。这个性能显得很清楚，就是因为我看到你，我这里显现得很清楚，并不是说在你那里或者在我这里。看的时候是这么显现，听的时候也是这么显现，我现在听的时候，听得也很清楚。所以，十番显见的第二番叫显见不动。见，是没有动摇的。性能不会动摇，也不会消失。醒的时候，我们能感觉到整个身心是这个样子；睡着了没有做梦，我们什么都不知道，醒过来我们还是这个样子。那么你就知道，这个性能没有消失，也没有改变。

但是，如果你用攀缘心，就有动摇了。我现在想到你了，心到这里了；不想的时候，心又收回来了；我在想那边了，心又到那边了。你看，这个心就是攀缘的，在动。我们可以不用攀缘心。攀缘心实际上就是一个骑车的人，只是一个缘、一个条件。因为我们这一生从来到这个世界，就具足了六根，六根本身就具有能缘的功能，只是我们把能缘的这个能，把六根，把这个"我"当成真正的自我了。围绕这个自我，就会忘记这种性能，就会有动摇，就会有生死。

禅宗祖师说得更好。有人问他："临终的时候，你要往生哪里去？"他说："东家做马，西家做驴。"修行人要了生死，要出轮回，还做马做驴干什么？做马做驴，性能不变，只是工具换了一个。我们人就是一个工具而已！你有看的工具，你看，这个相（上师的塑像），虽然他不讲话，但他有他的性能：他坐在这里，我们可以礼拜他，他可以接受我们的礼拜，接受我们的回忆。他这个性能，他只是借助这个工具，我们是借助身体这个工具，我们还借助我们思想的工具。这个工具几十年用完以后，就要扔掉了，然后我们再找更好一点的。现在这个身体是父母妄想因缘所生的工具，这个工具的材料太差了，我们要找个好一点材料的，是莲花化生的，那就到极乐世界去。如果你想找一个更差的工具，那就到畜生道去，东家做马，西家做驴，反正工具虽然差一点，但使用工具的性能没有变。一讲到"使用工具"的这个性能，我们千万不要落入常见外道，又把它想象成一个东西，你眼前看的时候体会到就是了。显见不动，一定是在你的六根门头。

三、显见不减

第三是显见不减。这个见的性能，它始终不会减少。我现在看到了这么多人，去分别所看的事物，可以分别出青黄赤白、长短方圆、显色和形色，很丰富。不管多么丰富，我这个能分别、能看到的性能，在看到色法的时候，它已经显现出来了，显现在我们的根尘相对之处。闭上眼睛，复杂的色法没有了，变成很单纯的一片黑暗，可是对于一片黑暗，能显现的性能、了如指掌的性能，一点都没有减少。不唯如此，即使在你睡着的时候，没有做梦，这个性能也一定不会减少，只是你的缘、你的条件使你的根和尘——这个身体不生起作用了，暂停了。你的意根、你的意识都不起作用的时候，这些图景都没有出现，所以你没有梦，没有境界，但是随时叫你，随时反应。

你看，这个性能一直是没有停止、没有隔阂的。你在这里是这样，到西方极乐世界去也是这样；你旁边坐的是凡夫是这样，你旁边坐的是阿弥陀佛也是这样。这个性能始终不会减少，所以"显见不减"。见到这样，我们就不会一天到晚患得患失，一天到晚担心"我观照的力量不够"。你只要知道，你见到东西已经清清楚楚了，到哪里都是，碰到谁都是，想到什么都是，你想逃也逃不了，躲也躲不了，躲到地狱里去都离不开心性。你还能到哪里去？显见无减啊！

四、显见不失

第四是显见不失。这个见的性能不会丢失，从来就没有丢失。我们因为抓住了一个攀缘的心，认为是我，所以感觉好像是丢失了，实际上从来没有丢失。他的业障无论多重，心性一直在放大光明，没有丢失。所以，我们不要把我执抓得太牢，反而把心性的这种妙用，把心性本真的状态给掩盖住了。

五、显见无还

第五是显见无还，这个见的性能没有来回。你看我现在的眼光：我睁开眼睛看到前面了，好像是我看到那里；我闭上眼睛，好像只看到这里。如果我们认为是眼睛看的，那眼睛就像摄像头，可以拉镜头，从远拉近，有来有去，是动的。但事实上，你这个见性，你睁开眼睛看，远就是远，近就是近，层次很分明；闭上眼睛很近，也很分明。可见，并没有一个来来去去的，所以是"显见无还"。

六、显见不离

第六是显见不离，这个见的性能没有离开任何一法。明心见性，是不离万法即菩提，如果离开万法，那就不能证菩提。一切法都不能离开，六根对六尘，任何一尘都不能离开。汽车马达的声音，跟山涧鸟语的声音是一样的。凡夫选择深山，怕汽车干扰，实际上这是一种妄想，而对于见性的人是没有区别的。"显见不离"，不离我们当下，随时随处都是。

七、显见无碍

第七是显见无碍，这个见的性能没有障碍。你的见性遍一切处，你不选择所看的东西，所见就没有障碍；如果你有选择，例如要看房屋外面的景物，你的肉眼就看不到了，只能看到房间的墙。耳朵也是一样：你的闻性遍一切处，你不选择听什么，所闻就没有障碍；如果你要选择，例如选择听歌，这 MP3 坏了，你就有障碍了。所以自性遍一切处，它不需要选择。有，可以听；没有，不用听。不用听，听到静音，有听，听到动音，都可以听到。所以"显见无碍"，没有任何障碍。

八、显见不分

第八是显见不分，见不会分开。眼耳鼻等六根，不需要分开。眼睛看前面，我能看的性能，在看的时候看到了；我能动的性能，手在动，也看到了。你看，能动的性能跟能看的性能，是一个，不是两个，没有分开。还有耳朵能听的，跟手能动的也是一样，也没有分开。所以"显见不分"，这个性能不是支离破碎的。而我们的妄想是支离破碎的，东想一下，西想一下。

九、显见超情

第九是显见超情，见的性能超越一切情执。情是什么？"这个人我喜欢，那个人我讨厌"，"这个人是我的亲人，那个人是我的敌人"，这是情。但是见不会障碍这种情，不会说因为我见到了，所以亲人跟冤家我分不清楚了，男人女人也分不清楚了，那就出问题了！你随时分得很清楚，但又超越了这种情，不会执着"你是我的亲人，我就一定得为你着想，其他众生我不需要为他着想"，绝对不会。因为这个情，它是局限的，而心性超越了一切的情执，不会局限。特别是情执重的人，如果你能够见性，那也一样可以去感受这个情，情感、夫妻、家庭、天伦之乐，在乐的同时他超越了这一切。男女老少、是非恩怨，清清楚楚，却不受一尘的牵挂，这是"显见超情"。

十、显见离见

最后是显见离见，这是《楞严经》中最关键的。"见见之时，见非是见，见犹离见，见不能及"。"见见之时"，显见之时，我看到前面的时候；"见非是见"，真正的见性，不是我们凡夫能所相对的这个见，就是我见性的这个性能，并不是我见到你的、能看的这个眼根。因为凡夫大部分都执着"我的眼根"——"我能看，你不能看"，只说骑车的人，不知道骑车的技术，所以粘在能看上面了。"见犹离见"，就是见性要离开能所对立的一切观念、一切概念，这不是任何概念、任何观念所能解决的问题。在真正修证的阶段，我们的学习不需要有记忆，所有的概念全部舍弃，当下即是，所以"见犹离见"。凡夫之见，不能触及，只有破除了我执，当下了了分明的，这才是我们的见性。元音老人讲的"一念不生，了了分明"，就是指这个见闻觉知的本性，而凡夫之见是不能达到这种境界的。

以上就是《楞严经》里面反复强调的见道，你要见到了这个道，那后面修道就有机会了，如果不能见道，晚上不能睡觉哦，阿弥陀佛！

第二章　修道

第一节　修道的重要性

在第一章，我们给大家介绍了《楞严经》见道的部分。见道是修学佛法当中最关键、最重要的一步。如果没有见道，那我们的修行全部都是盲修瞎炼，走冤枉路。因为以凡夫心去修行，总是要增加我执的份量——我有修行，我要成佛，我要解脱，总是围绕这个"我"而展开，这与真正见道是背道而驰的。但我们是凡夫，有我执，难道就不去修行吗？也不行。

有我执的人，他的修行就是先要去恶从善，先做一个好人，把自己的恶习、坏毛病先改过来，成为一个善良的人，成为一个能够控制住自己心情、能够管理好自己的情绪的人。从世间的禅定乃至世间的善法，得到了佛法的利益，起码可以做一个快乐的人。在这基础上，我们进一步地来了解佛法解脱道和菩提道的内容，这就顺理成章了。

虽然走的是冤枉路，但是冤枉路走多了，脚底就硬了。见道以后，修道就很快。

所以很多人在见道之前，如果能够如法地精进用功，一旦见道了，他就是见修并得——见道和修道同时证得。比如说修习世间的禅定，如果能够得四禅八定，得到第八定的人，他一旦见道，马上就证入四果阿罗汉位。因为他事前已经修到三界内最高的境界了，世间的习气毛病都没有了。可见，刚见道的人不一定只是初果。所以尽管是盲修瞎炼，还是要如法地去修。

如果是大乘法，见道以后，还要消除无始劫以来伤害众生、伤害自己、不明白因果、不明白事理的种种习气毛病。当这些习气毛病修改完了，见道以后，修起来是很舒服的。

还有一点是，没有修道的凡夫，他还没有开始用功修行，他的人品道德还没有养成，这样的人见道，犹如石火电光。好像石头相撞迸出来的一点光，迸一下马上就没有了，因为他没有修道，功夫不够。给他讲见道的境界，讲的时候很清楚，但是一下子就没有了；有时候还没讲完，前一句话讲得很清楚，下一句话一讲就没有了。这就是功夫没有到的表现。没有修行的功夫却能够见道的人，也是有很深的善根，最起码一点，他能够把自己的观念非常明确地确定下来。

今天他还是凡夫见，但听完法以后，或者读了书以后，突然看到了自己的自性在一切处起用，他马上能确定下来。这能确定的能力，是无量劫以来的大善根，不是一般的。没有修行过、任何修行道力都没有的人，他肯定做不到这一点。所以我们要确信，见道固然是最重要的，但是在没有见道之前，我们的修道虽然是盲修瞎炼，但也非常重要！

第二节　认识世界万法

一、万法本真

前面给大家讲了七处征心、十番显见。佛陀从十个角度来告诉我们，见道的这个"见"，即是我们的真心的作用。"见"，有能见、所见。能所相对的见，能见是眼根，所见是色尘。能见、所见，都是生灭法。除此之外，我还有一个会见的本事——见性。能所相对的"见"，比如"我看见你了"，这个"见"是动词，而见性是一个名词。见性，就是你有见到外面的这回事，能够生起这回事的性能——在见到外物的时候，这个性能就显现出来了。我们有举手的性能，有坐在那里的性能，随时随处都能见到，用我们的眼睛就能见到，见到什么呢？见到你坐在这里这个样子，就知道你这个性能。这点我们确定下来以后，佛在《楞严经》里面就告诉我们一句话，叫做"万法本真"。

万法，就是世间一切法。世间一切，"一切"这个概念，就是没有局限，没有挑剔任何一法，归纳起来就是五阴、六入、十二处、十八界、七大、本如来藏、妙真如性。

《楞严经》里面非常详细地跟我们说：这七大、十八界，每一个法尘、每一个法，它的体性都是遍满无尽的法界虚空，不增不减。比如说火性遍满一切处。现在我们在这里看不见火，可是拿打火机过来一按，火就冒出来了。火冒出来，是因为空间就有火性，缘起具足了，它就冒出来，我们就可以看见；缘不具足的时候，我们就看不见。电的性能也是遍满法界的，以前没有发明电灯的时候，谁都不知道；发明了，条件具足了，灯就亮了。我们能够透视的能力也是遍满法界的，像天眼通一样，但是目前还没有这样的机器，还不具备透视的条件。现在有红外线摄像机，还有一种透视的摄像机，尽管你穿着衣服，它照出来是和没穿衣服一样的。

这说明什么道理呢？就是这个世界的任何一尘，它的性质是遍满法界的。火性是遍满法界的，水性也是遍满法界的。过去有一种方术，八月十五在院子里面，拿一颗珠子对着月光，给它加持念咒，念着念着，珠子上就会流出水来，你拿着水桶就能接到这个水。这说明水的性质其实是遍满法界的。我们这里也有水的性质，但是因为我们没有这个技术，不具备这个条件，它就没有显现出来。我们自性的功能也是如此。

所以十方法界、一切山河大地，本如来藏，本来都是佛的智慧光明，具足一切万法，而且都是常住不灭的，没有生灭，本来如此。通过缘起的条件组合，产生不同的现象，就有了每个人不同的现象，有了九法界众生的差别。我们现在所认识到的这个世界、这些众生，都是由各种业因、业果，由我们的业感而感召来的。

二、世界由三种相续感召而来

如何感召了这个世界？佛在《楞严经》里面有详细地说"三种相续"。

第一是世界相续，这是佛教的世界观。这个世界是怎么形成的，这是一个很关键的问题。本觉妙明当中，觉明明故，明暗对立，而有动摇；由于动摇，而有风轮；坚执妄明，形成地轮；风轮与地轮相摩擦，然后有火；火轮与地轮相作用，火大将地大中的湿润蒸出，形成水轮。火升水降，水火相交，湿的是巨海，干的是洲滩。大海中火光闪烁，洲滩上江河流注。水弱火胜，结为高山。山石相击，迸出火焰。高山的冰又融化成水。土弱水胜，草木繁茂。山林遇火就烧成灰土，绞榨就有水出。妄心、妄境就这样辗转发生，递相为种，由于这个因缘，便有了世界相续。整个归根结底，是觉明明故而生起来的。

那么，觉明是什么？就是"觉"本来就是明的，我们的本觉真心从来未曾间断。比如我见你，你见我，我听话，我做事，非常明了，在这中间不需要有任何的执着、任何的局限。但我们这个凡夫心，关键是最初一念他注意在某一个点上时，本来是觉明的，是本觉的，但是他在本觉当中产生了一个"我知道本觉了"，"我现在知道这么一回事了"。只要他"知道这么一回事了"的一念产生了，这一念就叫做无明。表面上他是明白了这个道理，实际上他反而把自己的本觉给掩盖住了。由于这样从觉到明，有明就有暗，明暗相对就有动，有动摇就会有风，有风然后才形成了"地水火风"这样一个四大组成的世界。

"世界本空，空生大觉"。世界的本来面目是空，在空当中，我们产生了很多明明了了的觉知性，这样构成了世界相续。世界相续不断，迁流变化。明朝蕅益大师听《楞严经》，当他听到"世界本空，空生大觉"，恍然若失，整个世界一下子就消殒了，然后就见到了本性。① 所以很多人读《楞严经》里面的语句能开悟。世界的本来面目是空性，是空。但这个空，并不是眼前的虚空，不是对立的空，而是它的本质从来不曾有生，不曾有灭。在这个空当中，

_____

① 《八不道人传》曰，大师于"二十三岁，听《大佛顶经》，谓'世界本空，空生大觉'，遂疑何故有此大觉，致为空界张本，闷绝无措。但昏散最重，功夫不能成片。因决意出家，体究大事"。
《大佛顶经》即《大佛顶如来密因修证了义诸菩萨万行首楞严经》，简称《楞严经》。

我们产生了念头，产生了一念无明。这一念无明就是：我现在认识到这个空了。

从前面所说的"骑自行车的技术"上，我们清清楚楚地看到，每个人都有他各种各样的技术——举手的技术、抓痒的技术……在技术上面，再增加"他是用手在抓他的脸"，这就是"明"，就是你明白了其中的一项。而这个"明"，一旦你注意到这个手，把它的技术忘记了，就变成无明了，就这么简单。因此就开始分别抓的是手还是脸，还是什么，然后就产生了动摇。有无明就会有动摇，有动摇就会有轮转，就会有轮回，就会有生死。有动，一定是无常的。无常的法，就说明它的生死已经开始，就是世界构成为成、住、坏、空四大劫的最初动力。

第二是众生相续。外在的世界是由我们大家共业的心构造起来的。那么内在的、我们有生生死死的、有一个我执的、感觉有个"我"的有情众生的生灭，到底是从何而来？还是一样从"觉明"而来。本觉真空，真空当中我们以觉为明——由于"明白"了以后，我们认为"我"明白了这个东西了。你一旦说"明白了这个东西"，这个东西一定是局限的，是一个框架。这个框架、这个局限一旦有了，你就有界限。有了界限，你就有动摇。

修行缘觉乘十二因缘的人，他就非常清楚。我们自己现在也可以观察：现在烦恼生起来了，一定是有求不得，想争取，但取不来，我们就苦了。十二因缘当中，无明缘行，行缘识，识缘名色，名色缘六入，六入缘触，触缘受，受缘爱，爱缘取。你爱了，才会取它。取不到，你就苦。苦了，我们就开始追究：为什么取不到会苦？因为我爱。那为什么会有爱呢？因为你有受，有感受，感受很舒服。如果感受很讨厌，你就不会爱了。那为什么会有受呢？因为跟它有接触。如果没有接触，你也不会有感受。包括你看了觉得好看，眼睛跟它接触了；听了觉得好听，耳根跟它接触了；去商店里买衣服，抓一下这个布手感很好，手感很好，就是你跟它接触了。觉得很好，很好就是受。所有一切受，都是从触而发生。

为什么会有触呢？因为我们有六根，有六入。六入就是眼、耳、鼻、舌、身、意。它具有从根进入到尘的功能。有六入，才有触。如果我没有眼睛，没有耳朵，眼、耳、鼻、舌、身、意都没有，跟谁触呢？就没有了。所以，有了六入才会有触。六入是怎么来的呢？是因为名色而来。名色的"名"就是心。我们认为有一个心，实际上这个心没有实质。它本质不存在，只是一个名称安立，说它有个心。比如我心里想这个东西（抚尺）了，闭上眼睛想，这个东西想到了。这个东西叫什么？有人叫惊堂木，可小孩子不懂，他一看就说：这是木头啊，这有什么奇怪的！但是懂的人说：这叫抚尺。抚尺，这个名字加上去以后，我们就执着：这叫抚尺，我知道了。其实小孩说这是木头，说得更准确，他不知道叫抚尺。

我们平常的这颗心，总认为有一个东西可以抓住，认为"我认识的这个世界是很准确的"，实际上根本不准确。你并没有真正认识到这个世界，只是认识了这个世界的名称、概念，把标签认识到了。认识到了标签，就以为认识到本质了，这是我们凡夫众生天大的错觉！

你说，坐在这里的这些是什么？我们说，这不是人嘛！这有什么奇怪的。人是什么呢？其实我们一点都不知道。人的五脏六腑怎么生成的？怎么运作的？（这是宇宙三大奥秘之一。）为什么吃进去食物会消化？为什么所有的器官会这么完善和精密？最尖端的科学家也没有探究清楚。我们只是认识到"人"这么一个标签，然后说，"人"我是知道的。柏拉图说："人是没有羽毛的两脚直立的动物。"那把鸡的毛拔光了，是不是就是人了？实际上我们认识不到"人"的本质，我们只是认识了这个标签，大家都用这个共同的标签，所以你说：哦，这就是人了。我们的这个"名"，也就是我们的这颗心，只有名而没有实。

名色的"色"，就是物质。内在的精神、外在的物质，对立了才会产生六根、六入。六根之所以能产生作用，是因为我们把心和物对立起来了；如果你心和物没有对立，六根也是起不了作用的。一般的人都在追究是唯心的还是唯物的，其实你讲唯心，讲唯物，心和物已经对立起来了。佛教不承认唯心，也不承认唯物，但是在我们现行的状态当中，我们有心的作用，也有物的作用。

"心本无生因境有，前境若无心亦无"。心本来是没有生灭的，因为有了境，才有了心。很简单的道理，我们打妄想，一定是有一个东西我们想到，才会有妄想。所有的想法，一定是有东西在那里才能想到的。没有东西，我们打什么妄想呢？我们坐在这里，想一个没有东西的东西，你想得出来吗？于是有人就说了：那佛教纯粹是唯物的啊！心都是因为有物才有的，那不是唯物的吗？可是《华严经》又告诉我们"应观法界性，一切唯心造"，都是由心才产生了种种物。那么这样一看，人家又说：哦，《华严经》是唯心主义。《华严经》是唯心的，禅宗变成唯物的了。

其实《心经》告诉我们："照见五蕴皆空，度一切苦厄。"五蕴就是色、受、想、行、识。色就是物质，就是色法的世界。受、想、行、识，就是精神的世界，依次是：感受，然后有想法，想法有变化，然后有主观的认识。我们的五蕴——色和心，要是能够照见它是空的，本质无所得，那一切痛苦就消除了。所以，真正的般若一定是色心二法皆不可得，不能说是唯心，也不能说是唯物。但是对我们现有的执着凡夫来说，心和物同样都起作用。我们既要注意修心，同时也要注意环境，注意行为，注意佛像的庄严——心、物都注意。但是到最后，心、物两者都必须超越。你不超越，那么色、心两者就是对立的。

色心，名色对立。为什么名和色会对立？因为有认识。十二因缘的"无明缘行，行缘识"，"识"就是认识，就是分别。你有了分别，有了妄想，心和物就对立了；没有妄想，心和物是不会对立的。光有想而没有妄想，心和物也不会对立。之所以称为妄想，是因为着了相，想就成了妄想；如果你不着相，你所有的想法到了，想法到的时候就是心到的时候。

你想到佛，你的心就在佛这里，心和佛像不会分离；想到苹果，心就在苹果这里，心和苹果也不会分离；心和山河大地万物、一切有情、一切思想都不会分离，心物不会对立。因为你在想的时候，并没有一个妄想的分别心。如果一个分别的心出来了，比如"我现在想他很高兴"或"我想他不高兴"，那你的名和色两者就对立起来了。再比如，在想到苹果的时候，认为是"我的心在想苹果"，这样，心和物就变成分开了，就是"想"字下面这个"心"给它拿掉了。这个"想"，如果把下面的"心"放到左边，或者放在上边，或者放到更远的地方，不跟它放在一起了，给它分开了，那就变成一个妄想了。

实际上，我们所有的心和物分离的原因，就是你把心和物的差别相生起来了。意识，专门是搞差别相的。搞差

别相的时候，就是心和物对立的时候。平常大家所说的
"我们"，有一个前提就是：我是我，你是你，他是他。你、
我、他分得最清楚的时候，你的一切色心也全部分离。

《金刚经》告诉我们："无我相，无人相，无众生相，
无寿者相。""我相"就是我，"人相"就是你，"众生相"
就是他，"寿者相"就是一切时间的流变。十二因缘的
"识"就是分别。那怎么会有分别呢？这分别怎么起来的？
分别是你内心里微细的动摇。如果你心里如如不动，这个
分别是不会起来的；你稍微有一点动了，它就开始分别了。
这个动就是行动。十二因缘的第二个就是"行"，"无明缘
行"。行动是怎么来的？是从无明而来的。有无明才会有动
摇，如果没有无明，永远不会动摇。那无明是什么呢？无
明就是我们的我执。无明就是以觉为明，叫做无明。

本来骑车的技术也好，我看到你的性能也好，我们每
个人的眼前都能展现出你会看、会听的性能。你眼睛看见
了，就很清楚"看见了"这个性能在"看见"这里，你眼
睛看不见了，这个性能是在"看不见"这里，一点差别都
没有。有位居士说眼睛不太好，我说，没关系。眼睛不好，
对见性来说有什么关系，是不是？因为你的心性并没有改
变，看见与不看见只是工具好一点、差一点而已，这不需
要太多的考虑。

那我们的问题是在哪里呢？就是以你的本觉，本来是

不需要去分别，不需要有任何一个分别的感觉存在，但是你一旦抓住了这个说：我现在明心见性了，我太高兴了！这种明心见性、这种高兴，实际上还是建立在无明上，你把很清楚的这种觉明、本觉当成一个东西来看待了。明白没有？你把它当一个东西来看待，就是把"骑车的技术"当成一个东西来看待的时候，你已经不认识这个技术了。

我们凡夫就是这样，一旦把本觉当一个东西，就开始有无明产生了。当我们把本觉当成一个东西，这个东西就开始有动摇，我们就有分别；有分别，心和物就会分离；心和物一旦分离成两元，六根就产生了；六根一旦产生了，外界的六尘也同时形成；六根、六尘形成了以后，根尘就会相触；根尘相对触，我们就有感受；有了感受，我们就会有喜欢的东西。有触就会有受，有受就会有爱。所有的感触是相对的。比如说很热的时候，我们觉得冷很舒服；很冷的时候，我们觉得热很舒服。所以你追求外界的六尘，是按你六根的觉受来追求的。一直向外去驰求，就构成了我们这一生不停地向社会、向外索求，索求你认为喜欢的、爱的东西。

我们在索求的过程中，因为不知道本觉真性，所以造成了很多的伤害。最简单的，比如小孩子看到点着的蜡烛灯很漂亮，他就想抓，因为有习惯"感觉很好、很漂亮"，抓过来就觉得"是我的"。于是他看到蜡烛灯也去抓，一抓手烫着了，下次不敢了。这就是典型的凡夫：看到它很好，然后去抓，却不知道后果。我们平常在生老病死当中的一切法，都是由于你所爱的东西是眼前的，是现在的，然后你就去取，却不知道将来的结果会是什么，在取的过程中养了种种行为习惯。

所以，习惯是一个人的爱好慢慢造成的。一个抽烟的人抽到最后说：师父，我实在是戒不掉了。为什么戒不掉？是你喜欢，你早就喜欢这样了，自己慢慢地训练起来的。修行人也是一样，在修行的过程中，也是因为不停地喜欢修行，不停地喜欢修行，有一天真的成为一位大修行人。如果你不停地喜欢干坏事，你就成为一个坏蛋；不停地喜欢捣蛋，你就成为一个捣蛋鬼；不停地喜欢偷懒，你就成为一个懒虫。到最后大家都讨厌你了，你说：我也不喜欢这样子啊！但结果就是这样。其实不对，你就是喜欢这样，才造成了这样的结果。现在你很痛苦，你说：师父啊，生死轮回很苦啊，我想解脱。谁让你以前喜欢生死的？你就是喜欢生死！你说：我不想打妄想，可是我控制不了。你就是喜欢打妄想！如果你不喜欢打妄想，你就不会打妄想，这是很现实的。

为什么会妄想很多啊？大家坐下来看一看。我们不打妄想，坐在这里是很安静、很舒服的，但是你不习惯啊！你静了一会儿就总要搞一点名堂弄一弄、看一看，实在不行了，就看看手表几点钟了。不动，好像觉得不能体现你的存在，事实上你不动的时候是最宁静、最有智慧的。我们都在追求定，追求慧，当真正的定、真正的慧现前了，你反而不习惯。你就喜欢去轮回，你就习惯去找人家麻烦，说人家两句。人家骂你几下呢，你不高兴；人家赞叹你两下呢，你就高兴。这是我们的习惯、我们的喜欢、我们的爱造成的。你就是爱这样，所以导致了你这样的行为，所以"爱缘取"。

而这个"取"呢，我们不只是今天喜欢这样，我们明天睡醒了还是喜欢这样。一个小孩子在地震当中刚被救出来，他说："我要喝可乐！"他不管遇到什么事情，反正就喜欢这个，没有办法呀！我们这一生，你喜欢一个什么样的人，你就塑造成一个什么样的人。你喜欢佛，你将来一定会塑造成佛，如果你喜欢魔鬼，你将来就塑造成一个魔鬼。而这一生的努力、所有的业力，结果就感召了来生——以后重新转世时，以此生剩余的力量，支持下一生的习惯，所以人有先天的智慧或愚痴，有先天的条件。有些人死也学不会，有些人一学就会，是什么道理？因为他们前世的业习不同。前世的业习虽然不同，我们这一生的努力马上又改变了以后的人生道路。由于无明导致了一系列的生老病死，然后循转不息，这就构成了众生相续。

众生由于爱，然后有子子孙孙，一代一代相续下去。

这个世界的众生由于贪爱，然后有取。贪着，同时我们又伴随着嗔心，其实嗔心也是贪爱的表现，比如有人说：打是亲骂是爱。另外，我讨厌这个人的样子，实际上是因为我喜欢另外一个样子。比如说喜欢静的人，那个很吵的人来了，就说：这人很讨厌，怎么这么吵。而喜欢吵的人，你跟他一句话也不说，他又开始讨厌了：这个人一句话都不说，跟他没劲。可见嗔恨也是因为贪爱而导致的。

《楞严经》里面说："羊死为人，人死为羊，如是乃至十生之类，死死生生，互来相啖，恶业俱生，穷未来际，是等则以盗贪为本。汝负我命，我还汝债，以是因缘，经百千劫，常在生死。"这个嗔恨的心啊，就像杀生，你欠我的命，我要还你的债，就这样互相勾牵。有缘在一起，人家讲：夫妻是缘，善缘恶缘，有缘方聚；子女是债，讨债还债，无债不来。一定是有这样的缘分，才能聚集到一起。情爱也是，"汝爱我心，我怜汝色，以是因缘，经百千劫，常在缠缚"。因为互相贪着对方，造成了纠缠不清这样的业力，形成一个循环的果报，这就是众生相续。

第三是业果相续。刚才讲了，由于六根跟六尘对立起来，心和物对立了；心和物一旦对立，那么有情众生和无情的山河大地也就对立起来。在对立的过程中，我们就会造种种业。业就是行为。我们所讲的个人的事业，一定是有行为才叫事业。善业、恶业，就是善的行为、恶的行为。

行为一般来说归纳为三类，就是身体的行为、语言的行为和思想的行为。这三种行为都叫业，即身、口、意三业。这三种行为，你只要有所动作，就会产生结果。

我们打坐，不是一下子就能坐两个小时的。你每天坚持打坐，练着练着腿就练好了，就能坐到两个小时了。长期积累，业果是慢慢串联起来的，所以叫串习。习气、业习会造成业果。那么在这个业果上，你再继续造什么，又会形成下一个业果。所以因前有因，果后有果，因果相续相似，这构成了业果轮回。联系世界相续、众生相续的，唯独只有一个业，也就是我们的行为；如果没有行为，就不再相续。没有业了，世界和众生的轮回全部停息，所以涅槃是没有业的，阿罗汉又称为无业行人。现在有人叫无业游民，实际上他们是做不到无业的，他们的身口意三业还在造恶。真正的无业，就是身口意不再造业了，不再有一种动的状态出现。

三、五种浑浊构成了痛苦的因

那么，怎么才能达到一种不以业来束缚自己的状态呢？

凡夫的业，是业因感召的业果，非常可怕。现在娑婆世界凡夫的业因和业果，都是浑浊不堪的。浑浊的第一点，就是你自己不清楚这个行为的前因后果。为什么你的手能举得起来？为什么这句话你能讲得出去？为什么你会生烦恼？这些前因后果你不知道。但是你一直在那里有行动、有表示、有造业，自己却不知道，这就是浑浊。自己不清楚，模模糊糊、朦朦胧胧的，似懂非懂，感觉好像很清楚，实际上又不清楚。对人生的感觉也是这样：我们好像感觉自己的人生很清楚，但实际上我们不懂得什么是人生。所以很多人会问：我是谁？生从何来，死往何去？我现在究竟是谁？不知道。你说不知道呢，好像又是知道的。我是谁？有什么不知道的呢！但是其实是不知道，这就是浑浊，自身浑浊。

浑浊的第二点，就是由我们的烦恼感召的这个世界，是一个浑浊不堪的世界。所以，娑婆世界叫做五浊恶世。五浊就是劫浊、见浊、命浊、烦恼浊、众生浊。"劫浊"就是劫难——大劫、小劫、三灾八难。各种灾难现前，我们无能为力，不能把握。你可以做迎接的准备，或者做消除灾难的准备，但是你永远躲避不了灾难，这就是劫浊。

命浊，是我们的命运。你说，我能把握自己的命运，其实在这个世界上，没有一个人能把握自己的命运，因为你已经上了这条轨道。在这条轨道上，前面的动力是由我们过去世决定的，是由过去世的业力给你推过来的，你把握不了。如果完全是过去世的业力推过来的，我们还能把握，说这是过去世已经定了，我就把握了，但实际上又不完全是由过去世决定，今生也起了很大的作用。过去世就像火车开过来，我们今生就像是一个站台，在这个站台可以上很多人，也可以下很多人。命运这辆火车，在我们此生的站台上，我们可以让恶念、贪欲等统统下车，让慈悲、智慧在这里上车。

我们开始修行，开始用功，开始打坐，命运就开始改变了。尽管从生到长大，到老，到死，这个过程你无法改变，但是对于生命的长短，你还是可以起到很大的作用。比如说你是一个慈悲善良、有爱心的人，嗔恨较少，甚至把嗔恨心全部消除了，你的命肯定比以前要长。但如果你不注意，生活不节制，嗔恨心又生起来，你的寿命自然就会减短。所以我们对命运既不能把握，又不是一点都无法把握，这就形成了我们对命运、生命的一种浑浊状态，搞不清楚。佛菩萨对于自己的命运是很清楚的。初地菩萨修了百法明门，二地菩萨修了千法明门，他们清楚自己要做什么，下一步该到哪里去。唯独轮回中的众生，初住以前的凡夫，他的位置都是不定的。今天他在皇帝的位置，明天可能就是阶下囚，后天当天王很高兴，过一个礼拜他可能就下地狱。他一点都不稳定，保持不住，这叫做命浊。

还有见浊，更厉害了。见就是知见、看法。在这个世界，你看，有多少的哲学思想。当初印度有九十六外道，中国有诸子百家，各种各样的知见，讲得都是有道理的。你要是跟一个小孩子接触了，听他的话，听着听着也会觉得很有道理。比如杨朱，他讲："拔一毛利天下而不为。"

我们听起来觉得这个太可恶了！你拔一根毛能够利益天下人，你为什么还不做啊？这还不是很简单的事情！人家说举手之劳，他连举手都不用，却说：我不为。为什么不为呢？因为天下人都有自己的能力，他没有必要去接受别人额外的帮助，接受了额外的帮助，他到时候还要还，也很麻烦的，所以还不如不利益他们。这是不是也很有道理啊？也有道理。

"人之初性本恶，其善者伪也"。人的本性与生俱来是恶的，善是后天的造作、改造起来的。这话你说没道理吗？似乎也有道理。我们看，人的生死轮回，全部是以我执为基础而来，伴随着贪、嗔、痴而来。来到这个世界首先就是嗔，一来就哭，就讨厌嘛。讨厌就是嗔恨。嗔恨了以后，父母亲哄着哄着他就高兴了，一直就伴随着贪心长大。所以人之初，他确实是伴随着恶业而来的。但也有人说在生命之初，他不应该是恶的。总之，世间的各种观念，似是而非的观念太多太多了，我们学习佛法如果弄得不好，也会落入一个似是而非的观念当中去。有些人不知道根本，几十年学习佛法都在枝末上。

回忆我自己出家修行的时候，因为看到释迦佛是修苦行的，虚云老和尚也是修苦行的，所以我觉得穿破衣服就是最好的修行，因此衣服也穿破的，对新衣服坚决拒绝。然后坐得规规矩矩，讲话都不看人，只看自己眼前七尺。

人家都觉得很奇怪：这位师父讲话怎么这样？有一天听到日常法师讲："有些人修行专门喜欢穿破衣服，好衣服都不穿，其实他贪破衣服穿。"哎呀，我想这糟糕了，我本来以为穿破衣服是修行，结果还是贪。很多人他会在外表上做文章，总觉得：我做成这样子，或者在哪个寺院里闭关，关在里面，那就是修行了。其实到那里你才知道，那根本不是修行，修行一定是在心地上改善自己。有些人认为出家就是修行，"这个红尘，我不出家就没法混了"，实际上出了家以后，他发现只要有六根对六尘，就是红尘，还是没有用。所以只有关闭了六根，不落六尘，那才是真正的闭关。不懂得这个最根本的法的时候，我们很容易被各种各样外在的现象所欺骗。

比如有一个外道，他在禅定当中观察一头牛，吃草吃了一辈子，死后投生天道了。他一看牛吃草就能生到天道去，他就模仿这头牛，天天跟着牛去吃草了。然后他带了一大帮的弟子，告诉他们："我亲眼看到牛吃草生到天道去了，所以你们也要吃草。"你看，他就会着这个相。这就是邪见啊！牛为什么会投生天道？牛是过去世造了投生天道的善业，同时也造了恶业，它的恶业先成熟，堕落做牛了。当恶业报尽了，它吃草吃一辈子的这个苦受完了，它前世的善因成熟了，就投生天道。吃草跟投生天道完全是两回事，他硬要连接到一起，这是愚痴啊！

有个词叫做"东施效颦"，知不知道？西施生病的时候，大家一看：哎哟，很美、很温柔，很需要有人哄她、呵护着她。于是东施就想：你看，她生病了就那么好，我也装一点病。结果人家一看：真难看，装的。修行人也是这样，所有的人都是这样。我们以为他们当官、当皇帝很荣耀，所以就想去当官，但你如果没有这个福报，当官会把你累死的。你没有这个福，没有这个德，根本做不了这件事情。

世间的各种错误的观念，总是误以为那个结果就是这个原因，其实错了！现在我们更加混乱，看到别人有钱，出入自由，有别墅有车，生活过得很舒服，于是我们就认为：有车有别墅就是最幸福的。其实你到了那个份上才知道，太痛苦了！因为你没有智慧，驾驭不了这个福报。所以我们一定要知道：一个人的幸福和痛苦，并不在于外在的物质，但是物质会起到一定的作用。有福报了，它就起到这个作用。所以观察不到因果、业果，就构成了见浊——见解上有问题、有毛病，智慧不够。

还有一个是众生浊。众生，就是由众多的生死聚集在一起。人有生老病死，一切众生都有生老病死的过程。我们自己的生死是很混乱的，生死的业报也各不相同。有些人说人生是快乐的，有些人说人生是痛苦的，很混乱，你不知道人生到底是快乐还是痛苦。有些人说人是万物之灵，有些人说人是无能为力的，众生的现象很复杂，生死轮回有他的业报，我们也不知道。

最后是烦恼浊。这个烦恼简直是浑浊不堪，一点都看不清楚。你说，哪一个人烦恼要来了，他看得清清楚楚。对烦恼就像对待客人一样，它要来了，我就接待一下，它走了，我就送它走，能不能这样呢？你根本做不到。烦恼来了，它是突然冒出来的，你没有做好准备的时候它就来了；老也是一样，死亡也是一样。有没有哪个人准备好自己在那里等老？没有。牙齿掉了也没有跟你商量，"明天我要掉了哦，我要下岗了"，没有！没办法。生病也没有跟你商量，那些癌细胞会不会说：给你个信号哦，我们准备在你身上住几天，一直住到你死为止。它要来的时候就来，你一点把握都没有。所以世间的烦恼是浑浊的，这就构成了娑婆的五浊恶世——五种浑浊构成了痛苦的因。

第三节 六根和六尘脱离是最主要的用功方法

我们的行为是恶的，才构成了这五种结果。那么这五种结果，真正感受的人是谁呢？就是我们的六根。我们这六根始终把六尘勾结在一起，没有放开的时候。佛在这里就告诉我们：你如果想解决五浊的烦恼，一定要把六根跟六尘勾结的结打开。我们不是讲，烦恼的人是"心有千千结"吗？心里有结，打不开。那现在《楞严经》就告诉我们：你只要把结打开了，五浊的烦恼就当下消殒，当下没有。能不能试一试？我们的眼睛看到外界的六尘，所看的是色尘，你眼睛看上去就跟它勾住了。这个勾住的功能，是谁在那里起作用？是我们的意识心、分别心。所以你看到东西，"这个是好的，那是坏的"，"这是我喜欢的，那是我讨厌的"，喜欢讨厌、好坏，全部是我们心在分别。我们这颗心，就是意识的分别心。把这个意识的分别心拿掉，看外面你尽管看，看过去很清楚，但是你的分别没有了，你的眼根好像从外界当中脱离开来了。这就是《楞严经》的第四卷以后讲的"修道位"。

前面讲的见道，就是告诉我们这个"道"的道理在哪里。道，就是我们的常住真心，永远不生不灭、没有痛苦，而且显一切用。"只这心心心是佛，妙用纵横可怜生"。这个心本来就是佛，它的妙用是纵横自在的，无处不在、无时不在，但是我们偏偏不会用，这就是"可怜生"。因为无明的缘故，有这个"可怜"生起来了。由于无明而导致了根尘相对——六根对六尘根尘勾结，然后一直在轮回不休。今天我们能够把六结打开，我们就真正走上修行的道路。如果六结打不开，你还是根尘勾结，那么只有一个结果——就是去死！你还是要生生死死再去死的，没办法。

所以，六根跟六尘要脱离，是《楞严经》里面最主要的用功方法。

第四节　二十五圆通——真修行路

一、二十五圆通自在无碍

《楞严经》里面讲"二十五圆通"，二十五圆通的前提是建立在见道位上的。见道位是什么呢？就是这个性能，只要你有所表现，它就展现出来了。不但"你"展现了，山河大地都在展现。

六根当中，在眼根，你只要眼睛能看，不管你看清楚看不清楚，不管你眼睛有病没病，闭上眼睛也是一样，你只要注意到眼根，在眼根这里，这个性能就展现出来。你说：哦，原来这就是性在妙用。只要你不着这个境，你眼睛怎么看都没有问题。

在耳根，"耳根圆通"。听一切声音，会听的这个就是我们的性，叫闻性。能听的"能"是耳根。在鼻根，你的鼻子闻到香气了，你就知道：哦，我有一个能闻的性能，现在闻到这个香了。味道，好吃不好吃你尝到了，能尝到味道的是舌根，那能尝的根性，通过舌根它体现出来了。身根，能够感触到现在热、冷，热的时候身体有感觉，会有显现出身体热的感觉的性能。通过身体的热的感觉，它显现出来了；没有感觉，它就没有显现。

思想，我会想东西。能想的、明明了了的这个就是意根，"一念不生，了了分明"。你明明白白的这个，是意根，是能想问题的"能想"。在想的时候，你能想的本事、能想的性能，它的能量是无量的。如果"能"是有量的，那还是属于生灭法，有量就有界，有界限。一般来说质能互变，质量是局限的，能量是无限的。既然叫能量，有固定的才叫量，有界限才叫量，所以佛法不能讲能量，讲性能比较好。性能是没有量的，它这样也可以，那样也可以，只要表现出来都是，没有表现它还是在那里，都是在六根门头放光自在。

在六尘，指你能看到色法。譬如这个电扇，它有动的性能，所以在色法上你看到了。房子有容纳我们坐在这里的性能，凳子有让我们坐的性能，摄像机有照相的性能，佛像有让我们拜的性能，苹果有让我们吃的性能。一切色法，你看到色法的时候，就看到它的性能。这个性能，只要它在，就显现出来了；它不在，就没有显现。这栋房子没有盖起来之前，没有显现这里可以待的性能；盖起来了，它就显现出来。所以，一切色法，有色法的性能；一切声尘，各种声音，都有声音的性能。"溪声便是广长舌"，流水的声音就是说法的声音，你就听到了，流水能发出声音的性能展现出来了；"山色无非清净身"，山有山的性能，也体现出来了。

你一看到这个性能的时候，就看到了"青青翠竹尽是法身，郁郁黄花无非般若"。所闻的香、能尝的味道、身体的感触，乃至外界的法尘、所有的概念，都有它的性能。我如果赞叹你们是"佛菩萨"，你们会说：哎呀，法师在赞叹我。我骂你们是王八乌龟，那你们想：这位法师怎么骂人呢？每一个名词概念都有它的性能，所以我们不要说：哎呀，你不要打妄想了，这是语言文字，你不要着文字相。真正大开悟的人，哪里还有文字相啊！所有的文字都是自在妙用。

那么六识呢，永嘉大师说得好："分别亦非意。"分别也不执着。知道青红赤白，知道你是男的女的，有什么错呢？有位禅师开悟了，他说："我开悟了。"人家问："你开悟是怎么样的？"他说："开悟了没办法说。"人家说："释迦佛开悟后说了四十九年，你怎么没办法说？""有办法了，你想听吗？"他说，"原来尼姑是女人。"你看看，这就是分别。所以，一切分别都是自在的，因为他有分别的性能在这里。"二十五圆通"都是自在无碍，世间一切万法无不是佛性。真正见道以后的人，他修行没有任何选择，他只要知道这么一回事，在生活当中任运自在就能保任，这是何等快捷啊！

大家看看，有哪一种情形会障碍修行呢？六根、六尘、六识、七大，这二十五有就是著名的《楞严经》的"二十五圆通"。每一个尘、每一个法，乃至地、水、火、风、空、根、识、虚空大地，都是你修行最好的对象，都是圆通的法门——圆满通达的法门。见道的人能够体会到，这个身心世界，无一尘、无一毛孔不是你修行的地方。《法华经》中讲，释迦佛过去在因地做菩萨时，"于无量劫难行苦行，积功累德，求菩提道，未曾止息。观三千大千世界，乃至无有如芥子许非是菩萨舍身命处，为众生故，然后乃得成菩提道"。这句话听起来实在是太伟大了！我们还在找道场，还在说：这个人修行不好，那个人不是我的好道友；这个人不修行，又在障碍我。哪一个人、哪一个事、哪一个尘不是你修行舍命的地方？你如果做不到这样，你就圆通不了！

有些人，让他上殿，他说：上殿干什么？我要自在。他表现出"我是很自在的人，我不需要上殿了"的样子。他要扪心自问，不上殿的因缘能否利益众生？如果能，也许他就是自在的。还有可能他是在破除你的我执。但是他也要扪心自问，看看自己的心：真的那么自在吗？是不是让人讨厌了？佛菩萨的表现都那么自在，可以给我们做很好的榜样，起码不会让任何一个人讨厌。哪怕让一个不修行的人讨厌你，你都是不对的。你不要说：那是他的错，我没错，那是他知见有问题，他在那里着相。他着相了，你有没有着相呢？你如果不着相，怎么会知道他着相呢？你看，见道的人，每一尘、每一刹，都是佛性在圆满地显现。

你是无一尘可着，他也无一尘可着，这个世界不会有一个众生是着在尘上的。因为每一个众生，他的行住坐卧、他的言语举止，都展现了佛性，只是他自己不知道而已，差别就这么一点点。尽管他不知道，但是它还是在显现，没有离开。不懂得这样的一个事实，你对道就没有感受，然后养成自己的无明习气。有人喜欢看书，有人喜欢偷懒，或者不喜欢参与到大众当中去，就喜欢自己这样——"我就要保持我的个性，我个性就是这样"。这个个性是什么？个性，就是分别妄想，就是执着颠倒。佛性哪里是个性呢？佛性是共性啊！佛性是不但人与众生平等相共，而且是身土不二——与山河大地都是共同不二的，所以才有《楞严经》里面讲的，六根、六尘、六识全部都是佛性在显现。

"起心即错，动念即乖"，这是针对还没有见到佛性的人。如果你见道了，你的起心动念一定是随缘应物。我们看有没有见性，就看他能不能做到随缘应物。缘出现了，就随着这个缘给予众生最大的帮助。能够让他欢喜的，你都不能舍弃，哪怕是一点点的欢喜。他在执着的时候，你要让他从执着当中跳离。只要能够让他离开执着，采取各种方便手段都可以，但是一定要有入佛智的结果。"先以欲勾牵，后令入佛智"。你不要说"先以欲勾牵"，勾的结果还是欲，那不行。你先自己任性，任性到最后你也不逍遥，让别人也烦恼不堪，这是没有见道的表现。

我们很多都是知识分子。知识分子最怕的就是这一点，就是脑袋里面想的一套已经很完整了，而做的一套跟想的一套脱节了。一旦脱节了以后，他就增加我见，就认为：我的思想是对的，我要保持我的思想。他想保持思想，他的个性就越来越突出，然后他的无明就越来越增长。"惺惺寂寂，寂寂惺惺"，就是你的心一无所有，没有一相可执着，能所双亡了。"惺惺"，对于你眼前所对的众生的感受和事物清清楚楚。当别人需要你帮助，你可以帮助却不去帮助，这说明你对事物已经不明白了，并不是了了分明。你对众生的起心动念都是隔了一层纸，隔了一堵我慢的墙，隔了一堵自卑的墙。别人劝你也不听，叫你放下你也放不下，凡夫心是这样的。

见道对于修道来说，实际上是事关重大。真正见道的人，你要去感受，这个道是一定不会在任何一个地方有局限的，你是随时、随处、随地都能见道。唯独要修的，就是自己的习气毛病，因为我们无量劫的习气像瀑流一样冲过来。见道以后的人，他的习气只会越来越少，不会越来越多。比如说你喜欢自由，不喜欢别人管你，本来是习惯这样的，你一旦见道了，这个习惯慢慢就淡化了，最后完全淡化掉，你就融入到众生当中。从根本上来说，佛没有跟众生不同的独特之处，他并不具有独特性，而一定是融入在一切众生当中。佛成道后第一句话就说，"无一众生而不具有如来智慧"，所以佛教才有跟一切宗教不同的地方，就是"一切众生都能成佛"的平等观念。因为他是亲证到这种境界，亲自看到六根、六尘、六识当中，佛性都在起用。你生气了，你哭了也是在起用，可惜你不知道，就是这么简单的一件事情。

《楞严经》里面的修道分为两路，第一路是二十五圆通。你喜欢哪一个尘，喜欢哪一个法，你就在这个法上修圆通。你喜欢画画，就在画上修圆通——你见到这个画的点点滴滴，全部是佛性在起用，一直在画，一直在起用。你喜欢写字，就在写字上修圆通。你喜欢听音乐，就在听音乐上起用——你知道能听所听，了然无声，然后在这里不妨有种种音乐。"梵音海潮音，胜彼世间音"，你可以在耳根、在声尘上修。你喜欢种地，喜欢开车，都是一样，就是你的爱好、你的习惯一点都不需要改。但在这上面你绝对是要能所双亡，这样才叫圆通，如果你没有能所双亡，就达不到圆通的境界。这就是"随缘消旧业，更不造新殃"，随着你所对的缘。

我们每个人的现实工作、生活都不一样，所以面对这些缘，你需要把自己过去的固执，因为这个行为、这个业而痛苦的那些执着，一点一点全部消除。见了道以后，最起码的一个感觉就是"能所双亡"。比如我看到这个色尘的时候，把色尘消除了，把能看色尘的眼根也消除了。就像骑自行车的技术一样，骑车的人你也不要执着，所骑的车也不要执着，车和人都消亡了，那个技术你就感受到了。

见性的人，处处都能见性。观世音菩萨三十二应身——天大将军、天王、人王、天龙八部、四众弟子、宰官、妇女、婆罗门、童男、童女……都可以圆通，普门示现。所以，对于学佛的身份、学佛的地位、学佛的时间、学佛的环境，见道的人再也不需要选择。不想讲话就不讲，也就是这样，非常清楚；想讲，讲的时候也是这样。这个"清清楚楚"，是没有能所的，它是随处随见：听到声音，就在声音这里；看到人，就在人这里；想到事，就在事这里。这叫作无修、无整、无散乱。没有修，也没有整理，不需要改变，也没有散乱，是不是？这其实是最正常的人生状态。一切烦恼、痛苦、是非、人我、负面的东西，绝对不会在这样的心态当中出现。如果你把这样的状态带到生活当中，你心里是不会有僵硬不化的东西的，你的性格会被化掉。你看，坐在这里，"能所双亡"，你还有没有脾气呀？一点脾气都没有。我们的心，从我们的脸上都能看得出来，柔软得跟虚空一样。如果达到这样的状态，你的整个生活、整个过程都是在修行，哪怕你睡觉也是在修行啊！

可以学习一切法，却不着一切相，这是无修、无整、无散乱，也是藏传佛教里面大圆满、大手印最高的境界。不散乱的意思不是说不想，我们在不散乱的状态想一下"这是凳子"，你看，也没有散乱。你只管想，它不会散乱，因为想，就知道你有想的性能；所以随时随处都能见到这个性，了了分明。

之所以佛要讲"二十五圆通"，是告诉我们，真正的修行人是不选择任何一种状态的。二十五圆通已经包含了我们六根、六尘、六识、七大了。往外看是色尘，是圆满的，往内看是自己的妄想，也是圆满的，没有离开啊！"不离当处常湛然，觅即知君不可见"。"不离当处"，你在什么地方都不需要离开，此处就是菩提。如果你想要寻求，找一下菩提在哪里，是不是妄想停下来、扫除了以后才可以证菩提，这就知道你没有见道。不是最现成的吗？你想找，就是没有见道。

二、耳根圆通

没见道怎么办呢？《楞严经》里面有第二个方法——"耳根圆通"。

"二十五圆通"按照顺序是六根、六尘、六识、七大，但是唯独将"耳根圆通"跟大势至菩萨的"念佛圆通"拣择出来放到最后。按照地、水、火、风、空、根、识，根应该是第六，识是第七，但是在《楞严经》里面，不是按顺序放，而是把根放到识的后面，把大势至的"念佛圆通"放到后面去了。根放到识的后面，这是其一；其二，把耳根放到最后了。

为什么要把根放到后面？文殊菩萨，他是大智慧大般若的总持者，他讲了一大套的理论，说："此方真教体，清净在音闻。"就是说，我们娑婆世界的人，基本上是耳根比较圆融、比较灵敏的。我们听法与看书相比，那是完全不一样的。听法，因为用耳根，它容易圆融起来，而看书，容易着相。听法的时候，这个声音一讲出去就没有了，所以讲出去了你必须马上就体会到。过去没有录音，更是找不到声音。这声音讲完到哪里去了？你不知道，所以说不容易落在六尘上——在声尘上不容易落。但是看书呢，我们会着文字相。书毕竟是看得见的，有个东西在那里，今天没看见，明天拿过来再看。而声尘你把握不住，所以娑婆世界的众生对于耳根更容易圆通。

实际上，从中国和印度的佛教史上看，修行大成就的人，一些是由耳根圆通入手，也有一些是修意根圆通。特别是禅宗，禅宗大部分不修耳根圆通，而是在意根上用功——参话头，或者"直指人心，见性成佛"，还是从意根上用功。"直指人心，见性成佛"，能直指你见性的，这是什么？你要把"能"见到了——你能见的那个，能分别的那个是什么，同时把所分别的相消除了，一下子就觉得：

哦，原来能所是没有的。这就是从意根见到了根性。所以，禅宗一般都是从意识和意根这两处入手。天台、华严、唯识，修止观，都是从意识下手的。先要妄想停下来，妄想停下来还不行，还要把它想象成一个空，想象成一个缘起，在这里分析思维，这都是第六意识，所以一般都是从意识上下手。我们大家也是，先要听法，先要懂得这个道理，也是先从意识上下手。

而持咒，它的加持力比较大：一方面，专心持咒，意识不去分别了，妄想杂念就少了；另一方面，咒又是不能分别的。你持咒念"嗡阿吽"，你知道什么意思啊？不知道。用意识却不知道意思，这就是意根了。你在持的过程当中，你的阿赖耶识，八识田中的染污种子它没有生起现行；你明明白白地持这个咒，八识田中的清净种子，一直在起现行。所以也是在第八识上修。六七两识修行的得益，都是在第八识，所以讲"六七因中转，五八果上圆"。

我们打坐不要说：哎哟，坐在那里空了，真舒服，这一座坐得好；那一座坐下来，我都空不掉，感觉坐得不好。其实你只要持咒持下去，阿赖耶识的种子就在转换了，它就一直在起作用了。量变到一定时候，质就会变。你的整个人生，包括桶底脱落，打开本来，都是由量变到质变。但是持咒也好，念佛也好，听经闻法也好，都是从声音契入的。"嗡阿吽"就是一个声音，"阿弥陀佛"就是一个声音。没有这个声音，我们好像没办法，持咒没声音怎么行呢？默念也是有声音念出来的。所以文殊菩萨就说，我们这个世界用功下手的地方是耳根。耳根是最灵敏的。

既然耳根最灵敏，怎么用耳根来修圆通呢？这是比较关键的地方。

《楞严经》里面讲得很好，"耳根圆通"这一段话简单说就是四个字——"入流亡所"。你就在"入流亡所"的地方下手用功。用根不用识，你就用耳根去听，但不去分别那个声音。识就是分别，六根都可以用，但不要用六识。不起妄想，前提是你的耳根要进入声尘，要入流。

"流"，就是指六尘。因为六尘的世界——色、声、香、味、触、法，一直是流动的。人有生老病死，一直在变化；山河大地有成住坏空，也一直在变化。我们一次不能同时踏入一条河。古希腊哲学家说，人不能两次踏进同一条河流。我说，一次都不能。为什么？因为你踏下去的地方，水已经流过去了。我的声音也是一样，你看，从开始讲到现在，它一直是流动的——当我讲出来的时候，你以为你刚听到了，其实已经过去了。

我们现在要去听这个声音，用耳根圆通，要入流，就是你要听到这个声音。元音老人告诉我们："持咒要听得清清楚楚。"他告诉我们要"心念耳闻"，对吧。默念或者金刚持，嘴唇动，耳朵要听到。听到就是"入流"，"嗡，跋拉跋拉，僧跋拉僧跋拉……"，你看，它就在流动——一个字出来，马上过去了；第二个出来，又过去了。其实我们听电风扇的声音、山河大地的一切声音，包括咳嗽、举手投足都是这样。能听的是我的耳根，所听的是外面的声音。你要让它听到声音，听到声音了，然后把所听的声音忘记。这是什么意思呢？就是我们的注意力开始内敛，往里收，注意力不在所听的上面，而在能听的上面。收一收看，把所听的声音给忘记掉，全部的注意力摄持在自己的心中。在耳根，外面所有的声音我们都不拒绝，都让它入流，都让它去听，听的时候，我又把所听的忘记掉，这就是耳根圆通的下手处。

　　这个功夫成片了，肯定是能所双亡。"所入既寂，动静二相，了然不生"，不再有任何一生灭法可得，但是一切生灭现象都清清楚楚，这是耳根圆通。这要经过很长时间的训练，一开始我们成片不了。如果你会用这个耳根圆通，别人赞叹你和诽谤你其实是一样的，你只是听到那个声音，然后你的注意力马上就开始收回来。有些人打坐，坐在那里会听到耳鸣的声音，有没有？很响，耳鸣也是你的心性在这里起用。如果你能看到心性在起用，你的耳根，就不止是耳根圆通，而是闻性圆满了。

　　耳根跟闻性是有区别的。闻性圆通，那就是能看所看、能听所听，能所双亡。听到了就知道：我听到了声音，耳根那里在起用，我有一个能听的性能；我能看，说明眼睛也是好的，看的性能在起作用。观察这一切性能，这叫闻性圆通，闻性自在。所以先要"反闻闻自性"。反闻的时候，就是在耳根处下手，就是从声尘那里反摄过来，摄到自己的耳根上。"阿弥陀佛，阿弥陀佛……"很清楚，但是你的注意力并没有在"阿弥陀佛"那里。

大家能不能把外面的尘给忘记掉？如果你在有瀑布的地方，瀑布冲下来水声很大，坐在那里听到声音，然后把声音忘记掉，那感觉很舒服。这就是修耳根圆通的方法。你在大街上，车水马龙、人来人往，你可以听到那些声音，然后忘记掉，就不会觉得别人在吵你了，因为你的注意力已经不在那里——不去分别它，而只是知道它。

"耳根圆通"是：把声尘忘记掉，反过来注意到耳根，叫"入流亡所"。"亡所"以后，叫"反闻闻自性"——反过来知道自己的根。知道自己的根以后，功夫再进一步，连"我能听到声音"的"能听"也舍弃掉，这就是闻性了。你在心中不再执着一个"我"在听。开始是有我、有听——有能听的我、所听的声音，接着你"入流亡所"，把所听的声音忘记掉，然后开始摄持回来，注意到自己的耳根上，这是第一步功夫。

当你注意到耳根上面，接下来你知道耳根也是生灭法，连耳根也不注意，这时候"闻性现前"——你在听，闻性马上就现前了。闻性现前了，所听的声音和能听的耳根很清楚，但是这个闻性绝对不是耳根，也不是声尘。不是根，不是尘，也不离根，不离尘，显现出我能听这样一种性能。根和性有一个层次的不同：根是生灭法，而根性是佛性。六根都有六根性，六尘是生灭法，尘的性也是圆通法门。

修其他的不好修，我们就念佛、持咒。念佛、持咒，只要我们信心具足，就很厉害，哪怕你不懂得这么多道理。只要是一心念佛，不打妄想，"阿弥陀佛，阿弥陀佛，阿弥陀佛……"念得很清楚，念着念着，你慢慢会把能念的心忘记掉，有一段时间可能会把所念的佛忘记掉；念着念着，就只知道有个念在这里，所念的东西没有注意了，心慢慢地净化；有一天"能念"也没有了，根尘脱落，念性就现前了。

所以净土法门非常好，即使你不懂这个道理，但只要功夫继续用下去，它一步一步，最后逼着你不见性也不行。所以，念佛三昧是三昧中王。持咒也一样，你持着持着，把所持的咒忘记了，不去想它了——不是说不知道念什么咒了，同样也知道念什么咒，只是不去想它。你念着念着，能念的那个也没有了，身心一片空白。一下子空掉以后，能念、所念，心里面执着的、主观认识上的已经没有了，但事实上、客观上你还是在念，很清楚，真空、妙有同时现前。这是非常殊胜的方便。

　　佛告诉我们常住真心的圆满，不但开示了这个真理，而且告诉我们到达的方法和过程，他给我们介绍了很多的法门。实际上这二十五圆通派生开来，可以是八万四千、一切法门。我们可以亲身去体会修耳根圆通——没有持咒，也不拒绝持咒，没有念佛，也不拒绝念佛，不拒绝一切声音，别人讲话，讲得好听难听都没有关系，把"所"给忘记掉。从自利上来说，这样我们也一点都不会受干扰。功夫做不好的人，把"所"忘记掉也是可以的。当我们还有我执，还没有见性，我们先把"所"忘记；"所"忘记了，把耳根摄持住了，其他诸根自然跟随着摄持住了。

　　大家看，我们注意自己的声音，注意自己听到的声音，然后把所听的声音忘记掉，你的心开始往里面收。收就是摄，收摄到自己的耳根上，知道自己能听的这个。把所听的忘记，这需要全神贯注，你不全神贯注不行的。全神贯注也不是一直可以做到的，只有注意的时候，你才能贯注得起来，才能收摄得过来。当你在收摄的时候，所听的已经忘记了，能听的还在这里。当你注意在能听的上面，你看了什么东西，其实一点都不影响，因为你根本就无心去看外物。你有没有仇恨，有没有烦恼，也一点关系都没有。这六根、六尘，根尘勾结的六结，只要有一个结打开，其他五个结就跟着消除，不需要一个结一个结去打开——你用功只在一个点上。

　　我们遇到一些修道的道友，坐下来聊天第一句话就问你，你用心在什么地方。你不是修行吗？修行不是用功吗？用功不是要修心吗？那你用心在什么处啊？对于这个，我们要清楚。自己是一个修行人，居然用心在什么处还不知道，那还不是修行人，只是在模仿修行，在做修行的准备。比如说我们先吃素，先皈依，先看书，先想一想到底这个有没有道理，这些都是做修行的准备，不算修行。真正修行，要懂得把你这颗心放在哪里，自己随时随处可以有一个安心的地方。

　　修耳根圆通的人，如果师父问你：你怎么用功的？要是经过反复地训练你就知道：我只是在听到声音的时候，把所听的声音忘记——"入流亡所"，就这四个字。你不是把耳朵蒙起来不听了，不听不行的。不听也听到了一个没有声音的声尘，是不是？就像你眼睛不看，实际上是看到了一片黑暗一样。这个闻性，当有声音时，它显现出听到声音的性能；没有声音的时候呢，它显现出没有声音的声尘。有声音叫动尘；没有声音，是静的音，也是声尘，这叫静尘。我们电脑上有静音，这个讲得是最准确的。静，也是一种音，是没有声音的声音，无声之声。

　　一个会修行的人，一定要让自己随时随处都能够回光返照，一提就提到把"所"忘记，把"能"保持住，这是下手第一步。你知道在这里下手，这个功夫就会用起来。

妄想轻的、业习轻的人，可能要三五年才能成片，有时候说不清楚，可能三五十天也可以；业习重的人，可能要用三五十年功夫。一百座，有人就把能听、所听给它隔开了，把根尘勾结的结给解开了。你们解解看，能不能把它解开？现在你就想着：我耳朵，耳根在听的声尘，一听，平常的习惯是被它勾住了，就去分别它，就去追逐它，那现在听也听到，把所听的从此以后不要，全舍弃了。舍弃了以后，你就有一种根尘脱开的感觉，因为不受一切声尘影响了。根和尘两个脱开了以后，不要再给它勾上哦！不再给它勾上，那你的吃饭穿衣都是在修行了，这是第一步做功夫。

我们还保持一个"我"——跟声尘脱开的这个"我"的感觉。再进一步，需把这个"我"消除掉。教理很通达的人，他能够消除，就是"一念相应慧"——用意念，第六意识观想，一定要把这个我执扫除掉，想着想着，有一天突然就把它扫除掉了。这才知道，我能勾的勾没有了，所勾的东西肯定是勾不住了。我有一个手，很麻烦，总想抓东西，暂时我老实一下，手不抓它，到最后这个手没有了，你就再也没有能抓的东西了。所以我执没有了的人，就再也不会去追逐六尘的世界，这叫根尘彻底脱落，能所真正双亡。能所双亡的时候，闻性就现前，这就是闻性圆通。

闻性现前了，你不要说：我这个能听的没有了，都消除了，能所双亡了，那我是不是死翘翘了？其实不会。你耳朵的功能还在那里，外面这些声尘的功能也在那里，一样听，一样看，而且完全自在。在这些声尘当中，没有一法可以障碍你，这样的世界才叫净土，这样的身心才叫真常——真的、不会改变的！如果我们把这个妄想抓住，东想一下西想一下，那我们随时随处都在改变，永远都把握不住。你想要某一种状态，让自己停留在某一种状态上，你的根和尘就在那里勾结，也不可能停住。有时候我们希望拥有的人身长生不老，那是不可能的，因为它本身的特性就是无常。这个东西很好看，我们想一直保留它，这也不可能，不管多好看的东西，它也是无常的，也是在变化。

看到这一切现象，这些现象真实的状况你看得很清楚，然后在这种心态里面，你观察因果，会发现很有意思。你会发现，只要起一个念头，这个念头在这里就有作用了；你不起，它就没有作用。你只要做一件事情，这件事情在这个世界就有作用了：你种一盆花，这个世界上就有一盆花在那里；这盆花你浇了水，花就精神一点；你对这个人起一个念头说，"这个人真好"，于是你心里就觉得，他是一个好人；你觉得这人很讨厌，在你的世界里面，就有个讨厌的人。为什么菩萨怕因，凡夫怕果？菩萨看到了根尘脱落以后的清净的自性，整个生命、整个世界是一片清净庄严，当他起了一个念头，他就知道在他的生命之河又投下一个什么东西了，投下来了就有结果。所以因果在菩萨看来是同时的，但在凡夫看来是异时的。

我们只是遇到了结果，才知道这个结果不好，种下去的是什么因，我们从来就不注意。因为你对自己的心念没有注意，所以心中很多不好的念头生起来，自己并没有观照。比如说生气的念头生起来了，有些人是顺理嗔，有道理的时候他生气，可生气不对他不知道，他会想：我有道理，就该生气。还有一些人是非理嗔，没道理还在那里生气。没道理生气的人很多啊！比如有人来求你帮忙，你没时间，帮不上忙，他就生气了：你为什么不帮我忙？你求人家帮忙，凭什么生气呢？但是很多人就会这样。我们去上学，老师教给我们什么，我们觉得这个老师教得不好，我们也生气。你凭什么，你有什么资格、有什么条件去跟他生气呢？你连老师都不是，你只是一个学生，还跟老师生气。我们往往是有理也要生气，没理也要生气，因为不知道这个原理，所以会被生气、被贪欲捆住。

一旦你见到了自性，而且能够在六根当中生起作用，那我们自己就能够看见：你的贪欲心生起来，你的情执生起来了，你的嗔恨心生起来了，这些会造成什么痛苦。你知道在这个世界上，这个痛苦唯独你自己能感受到，你种下的因，其他任何人感受不到。《佛说无量寿经》里面说："人在世间，爱欲之中，独生独死，独去独来。当行至趣苦乐之地，身自当之，无有代者。"你所受的一切痛苦，别人没有办法代受；你所想的东西，别人也没有办法代想。你所想的，是在你的生命之河投下的东西，一定只有你去感受。你的亲人说，你痛苦的时候他也痛苦，是因为你的亲人的痛苦也是他自己投下的东西，并不是你投下的。就像一个父亲去世了，三个儿子，一个儿子感情重，他很痛苦；另一个儿子感情不重，不怎么痛苦；还有一个是不孝子，他觉得"这老头管着我，死得好"。为什么？因为他们自己种下了不同的因。

释迦佛涅槃的时候就有这种情形。一听到释迦佛要圆寂了，迦叶尊者很难过，他说佛要圆寂了，我们赶紧要去看佛。一帮提婆达多门下的恶比丘说：省省吧，我们不去了，这个老头在世的时候，叫我们这样不行，那样也不行，他走了，现在终于可以没人管我们了。迦叶一听：这个法要灭了！要是这样的人多了，法就要灭了！所以佛涅槃以后九十天，赶紧召集五百大阿罗汉来结集经典，让经典流传世间。那些恶比丘也可能是示现做反面教材的，要不是他们这么一提醒，迦叶尊者说不定还不结集经典了，我们就没有机会看到。所以每一个人，他针对同样的世界——同一个世界、同一个梦想，但是由于我们不同的行为，就造成不同的结果。金牌只有一个人拿到，其他人都拿不到，另外两个人只能拿银牌和铜牌。虽然梦想是一样的，结果都不一样。

我们的世界，本质上跟佛菩萨的世界是一样的。我经常想，我在吃饭的时候，如果释迦佛坐在旁边跟我一起吃饭，他会怎么吃呢？他会不会把饭夹起来往鼻子里塞？我想肯定不会。实际上以我们真正生命的本质，一切我执、一切烦恼、一切法执，全部是没有的，因为能所对立没有了，一切框架、一切束缚从此解散。我们感觉有一个我，那是一个错觉，事实上并没有我，是无量劫的习惯以为有我。你如果见到了没有我，一次见到，以后就再也不会有我了。不知道诸位在没有修行之前，有没有遇到痛苦？我们自己修行了这么多年，以前遇到痛苦，痛苦起来觉得很揪心，实实在在的，实在是解脱不了，实在是难受。修着修着，有一天突然发现：以前痛苦的那个我到哪里去了？找不着了，不见踪影了，受苦的我没有了。你如果看到了无我，那个受苦的我就会解散。

"五蕴皆空"，为什么叫"蕴"？"蕴"就是聚集在一起。聚集在一起的东西，看上去是有的，当它散掉了以后，什么都没有。佛经里有个比喻说，像稻草人——稻草聚集在一起，看上去像一个人，我们看了就觉得：啊哟，这是一个人。特别是有些人把稻草人脸上画成花的，衣服给它穿起来，看上去很让人害怕。但是当稻草一根一根抽掉以后，这个稻草人其实是不存在的。我们以为有一个我，实际上是五蕴聚集在一起了。在色法上，父母亲的精子和卵子结合，我们有了身体，然后我们每天在吸取外在山河大地的营养，这个身体得以维持。那精神呢，我们无量劫以来，根尘识它本身就有这种功能——有意根就能对外界的法尘而产生意识，它是这样一个现象。

这个现象存在了，缘起聚合了，我们感觉有一个我，认为五蕴的聚合体是我，实际是无我。无我以后，我们也可以说这个是我，随凡夫说，随缘起说，完全可以。释迦佛都讲，我过去怎么样怎么样，都讲有我，他是从凡夫的方便来说。有个人修行，修着修着觉得自己没有我了，他对着自己的身体说，"他"，他怎么样了。他跟我讲：他那天修行，用功用得不错的，他那天怎么样了。我说："他"是谁呀？他指着自己说：是"他"啊！哎呀，我想：你在"我你他"的人称代词上做文章干什么？这只是个人称代词，只是一个符号、一个标签，你在标签上给它换掉干嘛！是不是？那如果讲其他人，你怎么讲呢？把其他人讲成"我"吗？所以凡夫在意识上的分别，错误颠倒，错漏百出。实际上当你见到这个无我，就知道了缘起，就知道了五蕴皆空，就知道了能所双亡。

三、念佛圆通

见道的人，最直接的修行就是无修、无整、无散乱——没有修行，没有改变，也没有散乱。你不要强加自己的意志、自己的观念于人。没有散乱，这是最快的、最直接的、最全面的修法。没有见道的人，那么退一步，先入流亡所，从耳根上去修；耳根上修不起来，还有大势至菩萨的"念佛圆通"，这也是《楞严经》里面特别拿出来强调的，就是在根大上修。根大是什么？就是我们的意根，用意根去修。

《念佛圆通章》里面最大的特点就是"忆佛念佛，现前当来，必定见佛，去佛不远。不假方便，自得心开。如染香人，身有香气，此则名曰香光庄严……都摄六根，净念相继……以念佛心，入无生忍"，是这样的一个修法。那么"忆佛念佛"是什么？"忆"就是回忆的"忆"、记忆的"忆"，忆着佛，用忆佛的方式来念佛，不是用嘴巴念。没有听到佛的声音，如果你听到佛的声音，是从耳根上修；没有看到阿弥陀佛的相，看到相是色尘，那是从眼根上修；也没有"阿弥陀佛"四个字，用"阿弥陀佛"这四个字是用妄想，因为"阿弥陀佛"这四个字，我们知道要用意识分别，是从意识上修。既没有阿弥陀佛的字，也没有阿弥陀佛的相，也没有阿弥陀佛的声音，那么你心里知道你想的是谁啊？是阿弥陀佛！

就是你心里有个牵挂。你们有没有牵挂过谁啊？牵挂孩子，牵挂丈夫，牵挂爱人。那个牵挂，你并不是每天把他的名字拿出来念一遍，把他的像拿出来看一遍，而是你心里总有个东西挂在那里，吃饭也忘不掉，睡觉也忘不掉，就像自己的名字一样忘不掉。要问你牵挂谁了，你能讲得出来，比如你说牵挂孩子了；要没有问你呢，你时时牵挂着，表面上什么表现都没有，但你知道你的心是在那里的。我们如果牵挂阿弥陀佛——忆佛，就把我们牵挂世间的这颗心，转过来牵挂到阿弥陀佛那里，随时随处都知道我在念阿弥陀佛。但是没有声音，不是念出来，也没有那个字，也没有那个相，没有想到阿弥陀佛是什么样子，如果问你在干什么，你知道"我在念佛"。

你看，就坐在这里，脑子里面有个牵挂，有种感觉，这种感觉不停。当你这种感觉生起来的时候，你的六根是清净的，你看什么，去分别，去说，都没有关系。而且在现实的世界，分析事物也不会出现差错，妄想也没有关系，因为在背后，你的心已经是牵挂到阿弥陀佛那里了。所以，"都摄六根"不是关闭六根，不看、不听、不想。不是！你照样想，照样听，试试看。我们多掌握几种修行方法，以后可以教别人。

你真正自己用功，一种方法就够了。你能够见性，那就"了了见，无一物"，"大千世界海中沤，一切圣贤如电拂"。"大千世界海中沤"一样缘起缘灭，"了了见"却"无一物"可得，能所双亡，这个方法最直接。你用"耳根圆通"也可以，先"入流"，再"亡所"，亡了所了，再守在这里，不停地听，听而不听。在眼根修，就是不停地看，叫视而不见——看了也跟没看一样，但不拒绝去看。

那么，念佛也是在这个根上，六根上，六根门头。你心里一想到有个佛，好，把心就牵挂到佛那里了。那么这个时候，要讲话也随意，要聊天也随意，要想东西也随意想，考虑问题也随意考虑。但是考虑的中间总觉得有个东西，那个东西是什么，问你的时候，你知道是阿弥陀佛，不问你了，你只知道有个东西。这是忆佛念佛。修净土的人，如果能在这里忆佛念佛，功夫很快成片。比如你乘车的时候，看到外面的景象来来去去，你就在看，但心里牵挂一个东西——你也没有念"阿弥陀佛"，但是知道自己牵挂着那个东西。

这是《楞严经》里面特别提出来的两个：一个是"耳根圆通"，一个是"念佛圆通"。最圆满的就是二十五圆通，随时随处修。看的时候就在色尘上修圆通，听的时候就在声尘上修圆通，你能够接触到什么，就在什么上面修圆通，这叫二十五圆通，这是见道之人真正的大圆通。

第五节　见道前的修学要素

一、将心安住于正法

前面我们跟大家一起学习了二十五圆通——真修行路。

见道以后，所有的修行都是围绕道而展开；见道以前，我们修行就是要按照佛陀的开示，从皈依、发心、持戒、修定、开智慧这五个要素来展开。佛法一定是心地法门，我们的心与佛法不相应的时候，谈不上修行。通常有人会感叹现在是末法时代。所谓末法时代，就是众生根机陋劣，环境不利于修行。共业所感的这个世界是多诸烦恼痛苦，别业所感的个人体弱多病，称为末法。实际上，心中有正法的时候，就是正法时代；心中有像法的时候，就是像法时代；心中只有末法的时候，也就是末法时代。

我们学佛通常都是按照自己所认识的佛法去修学，如果没有善根福德因缘，理解不了什么是正法，往往会舍本逐末——执着的只是枝末、小事情，对于最根本的大事却搁置一边。有些人修行，很像是修行人，心里面也很像是正法，实际上并不能与心性相应。比如说听到空以后，就觉得什么都是空的，心里就跟空相应，于是他忽略了持戒，忽略了培养福德，忽略了菩萨行。

有些人修行，给别人看起来既庄严又勤劳，还很精进、很谦卑，自己内心也觉得自己在修行，大家也觉得这个人德行很好，但实际上他的内心还是没有安住于不生不灭的状态，或者他也在努力地按照佛法去做，表现出修行的样子，这是像法，并不是正法。

有些人学了一些教法以后，嘴巴能够说空，心里却常

常是有。"口便说空，行在有中"，这就是祖师大德说的
"鼠唧鸟空"。老鼠会"唧唧唧"地叫，但是老鼠并不知道
什么是"即"；有一种鸟叫的声音是"空空空"的，声音
很响，但是这个鸟不知道什么是"空"。学习了心性的法
门，我们都知道"烦恼即菩提，生死即涅槃"，"一即一
切，一切即一"。有些人知道了这个"即"以后，一天到
晚就说"即"。让他打坐，他说，"不打坐即是打坐，打坐
即是不打坐"；让他持咒，他说，"不持咒即是持咒，持咒
即是不持咒"。这话是有道理的，但那个心不一定有道理。
他心里呢，一大堆烦恼，别人都能看得出来，不要说是善
知识了，就是同行的，甚至比他差的人、比他不懂教理的
人都能看得出来，这个人被强烈的我执、我慢和习气困住
了，并不是安详洒脱的样子。所以古德说，这种学习了教
法，嘴巴会说却不能做的，叫"鼠唧鸟空"。跟老鼠、跟
鸟一样，只会说不会做，这种情况就是末法时代。

　　如果我们学懂了教理，只知道按照教理去说给别人听，
自己却一点都没有落实到心行上，"终日数他钱，自无半文
份"，"分别名相不知休，入海数沙徒自困"，这些都属于
末法的现象，就是我们所追求到的、所得到的，只是最枝
末的一点。如果你的样子表现得不圆满，还有一些缺陷，
或者偏执于一端，认为"我要不讲话才叫修行"，"我要怎
么样才是修行"，内心却无法与法相应，这也是末法。

当然，如果很多时候他的行为所表现的就是懈怠、放逸、贪、嗔、痴、我慢，内心也没有一点点与法喜相应——不要说出世间的空性，常住真心，就是世间的四禅八定，甚至是欲界定都没有。那颗散乱的心，早就表现在行为当中了，甚至还在生气，在他的身上已经看不到任何的法，这实际上就是灭法，而不是末法。末法还有个枝末抓住，他连枝末都没有抓住，连最起码的一个人的样子都不具足了。这样的人，只能给别人带来烦恼和起到诽谤三宝的作用。

我们做居士的，也称为护法居士。护什么法？第一就是护持自己的正法。你能够护持自己心中的正法，这是真正的护法。居士称为居家的大士，大士就是菩萨，说白了就是在家菩萨。居士这个名称也不是这么好称的，心里与法相应了，才能够称为在家菩萨；始终护持自己的正念，才称为护法居士。如果心里没有正念，执着这个寺院、这个师父，或者执着那个寺院、那个师父，善恶是非、正邪偏圆都分不清楚，你去护持，就不是护持正法。如果见到了有正法的道场、正法的修行人，我们去护持，这叫外护，在外保护他。

这一切护法和修行，正法、像法和末法，关键在于有没有法，关键在于这个法是大乘究竟的菩提法，还是解脱道的涅槃法。我们见到了空性，安住于空性，哪怕没有发利益众生的心，但是你能够安住于涅槃的状态、不生不灭的状态，这起码也是一个出世间法。如果没有出世间法，那就谈不上正法，最多就是像法或者末法。所以我们要看到心念生起来的重要性。

前面给大家讲过，见道以后的人是随缘自在，无论是善恶、好坏、是非、修行人还是不修行的人，对他来说都是佛性在显现。一切功能、一切作用，唯独只有作用本身——这个性能的本身，常住不灭，遍十方法界。如果没有见性，那我们还是要找到一个下手处，就是从根上。耳根上可以下手，修耳根圆通；意根上也可以下手，就是所想的东西不要去执着，注意力在能想上面，即使你打了妄想，也不去管你想的是什么，而是注意到你能想的"能"上面。能想的是意根，所想的是法尘，分别法尘的是意识，也就是妄想。在想的时候也可以入流亡所，可以让自己想，想了以后把所想的东西忘记掉，注意到能想上面，这就是在意根上修。

还可以六根同时修，就是《大势至菩萨念佛圆通章》所讲的，一旦把心牵挂到阿弥陀佛那里，忆佛念佛，那六根就同时摄持住了。六根怎么看、怎么听，都不离当下牵挂阿弥陀佛的感觉，时时刻刻都在清净庄严当中。这些是具体用功的下手处，我们要掌握，最起码要掌握一种，让自己经常安住于这种状态。如果你已经见道了，那就不一定只是一种，你在每一种上都可以试着去用。二十五圆通，二十五个法门，都可以让你去用。每一种你都去试试看，试到最后，二十五个你都会了，那你对一切境界都自在无碍。

有些人问我：心密三年修满了，打坐一千座也坐过了，接下来要不要再打坐？打坐的这个相，最多也只是一个像法，不是最根本的，最根本的是看你这颗心到底如何去用。如果你的心实在散乱，需要停止一段时间，那你就要继续打坐。按心密的要求来说，实际上它要修的就是心中的心。我们妄心当中就有真心，拨开妄心就见到真心了，拨不开，那就要继续拨。这就是要把根尘看到它无处可躲，把这个我执牢牢地抓住，抓到最后，这个我执就没有它施展的余地，在"一念不生，了了分明"的时候，时时把它抠住。擒贼先擒王，把这个贼王先抓住了，其他的贼都没有办法。

二、三无漏学——戒、定、慧

我们要知道，修行的过程，按通常的这条道路，就是要以戒、定、慧三学去修。《楞严经》也告诉我们三无漏学的重要性。三无漏学，所谓"摄心为戒，因戒生定，因定发慧"，依无漏慧，断生死根。"摄心为戒"，持戒，各种威仪规矩、行为规则，都是为了让我们这颗心能够摄持得住，不要到处奔跑、散乱。能摄持自己的心，你自然就会按照各种各样的轨则，去实行自己的修行行为。不能摄心的人，在这个寺院待待觉得不行，在那个地方待待也觉得不行；在这里不能遵守常住的规则，在那里又不能遵守大众的共住规约；跟这个人交往，不能让这个人生信心，跟那个人交往，又觉得那个人不行。其根本原因是他的心没有摄持住，没有安住于正念，所以到处奔波，流浪生死。

在现实的人生当中，很多居士，可能或多或少会觉得，以前很积极的，学佛了以后变得消极了。有很多人问我，学佛修行是不是很消极？我告诉他，在某一个角度来说，确实是消极的，但是消极是有原因的，是有道理的。世俗的教育是我们从小开始，每天都要接收很多的信息。从小父母亲就告诉我们：你应该如何如何，你要获得什么。考试分数要越高越好，财富要越多越好，长相也要越漂亮越好，什么东西都要越多越好——世俗所谓的"积极"，是增长越快就越好，获得的资源越多就越好。它是向外驰求，通过追求外在的物质来增加它的份量。而这个世间，我们向外追求的任何事情，没有一样事情不是痛苦的，所求来的一切，无论是快乐的还是痛苦的，它在本质上全部归于痛苦。

现实生活当中，没有一件事是真正快乐的。如果这个观念没有生起来，那么我们对于五欲六尘根本放不下。向外驰求，忘失了自己的心性妙用，所以痛苦。这个暂且不说，就是按世俗的观念，我们去分析现实人生，无论是财、色、名、食、睡这五欲，还是色、声、香、味、触、法这六尘，只要是向外去求得的快乐感觉，它的本质都是痛苦的。佛经里面讲三苦：苦苦，就是痛苦本身是痛苦的；坏苦，就是快乐的感觉也是苦的，因为世间的快乐会失去；行苦，就是世间一切无常变迁之苦。苦的、快乐的、无常的，归根结底都是痛苦，所以我们在现实的人生当中，根本求不到真正的快乐！

有些人会说：我追求的快乐，那个感觉太真实了，怎么可能是痛苦的？我们肚子饿的时候有饭吃，有好吃的东西，我们觉得很快乐；寒冷的时候有衣服穿，我们觉得很快乐；走路很累的时候，我们坐下来休息，觉得很快乐。而事实上呢，吃饭、穿衣服、坐下来，这三件事情在本质上还是痛苦的。肚子饿的时候吃饭是快乐的，但是如果说吃饭这件事的本质是快乐的，那么我吃饱了以后还继续吃，一直吃到吃不下还要吃，它的痛苦马上就显示出来了，所以吃饭这件事情是痛苦的。如果说它的本质是快乐的，那我们增加得越多，应该越快乐，但它增加得多了，痛苦就来了。冬天冷的时候，穿衣服是快乐的，夏天如果多穿衣服，那要把你热死，所以说还是痛苦的。如果走路累了，坐下来你觉得快乐，可是如果坐一个小时、两个小时……再坐下去，恐怕很多人就要开始叫苦了，所以坐下来这件事情本身是痛苦的，不是快乐的。那我们说坐下来是痛苦的，站起来走应该是快乐的，其实站起来走也是痛苦的，你如果一直走下去，不要说走三天，让你走一天，你就叫苦连天了。

所以说，世间的快乐并不是真正的快乐，只是对痛苦的一种缓解。没有钱的人很痛苦，有一点钱他很快乐。当他真挣了一百个亿，恐怕钱对他来说就不是什么快乐，再多一百、两百，多一个亿、两个亿都没有快乐；但他如果少了十个亿，他可能就跳楼了。世间的任何一样事情都是如此，包括情感。一个人感觉自己很孤单的时候，总感觉需要找个依靠，找个人聊聊天、谈谈话，如果这个谈话、聊天能成为快乐，那你永远都会谈下去，可很多人并非如此。

情感会造成一种依赖。情感依赖的痛苦，大部分都是到死亡的时候才现前的，叫爱别离苦。这个世界的本质，让我们觉得情感是快乐的，亲情是快乐的，友情是快乐的。亲情和友情，在你痛苦的时候、需要帮助的时候，能够缓解你的痛苦，帮助你，但是有情感的人，他会下意识地以为这个情感会一直持续下去。爱情，以为永远不会分开，亲情，父母子女，也以为不会分开，而事实上都必须分开。每个人在死亡的时候，都是随着不同的业，"夫妻本是同林鸟，大限来时各自飞"。

任何情感、任何快乐，在这个世间都没有永恒，只有无常才是真实的相状。我们要知道，世间你所要追求的一切快乐，它的本质只有痛苦。世间的一切，除了死亡没有欺骗我们以外，其他的一切都在欺骗我们——我们误以为不会死，误以为能活八十岁。最早来到这个世界，我们就应该知道自己会死，但是往往在生活当中，我们忽略了死亡的到来，去追求情感，追求财色，追求名利，追求感官上的一些享受。我们认为去追求这些才是积极的，才能光宗耀祖。

有一个人，他在死亡的时候，阎罗王派黑白二无常来，要把他抓走。他觉得很冤枉："我还有很多事情没做，你来抓我，怎么不给我一个通知？"

阎罗王说："我已经给你写过七封信了，都告诉你你要来我这里了，你一直不当一回事。"

他说："我没收到啊！"

"你怎么会没收到呢？第一封信，你生下来的时候，我就放在你口袋里给你带来了，你一生下来，大家都知道会死的。"

"后来慢慢长大了，你的眼睛开始模糊了，看不清楚了，这是我给你的第二封信。你的机器快坏掉了，你却不当一回事。"

"再过一段时间，你的耳朵聋了，听不清楚了，这是我给你的第三封信。再后来，你的牙齿掉了，这是我给你写的第四封信。再后来，你的脚走不动了，要拿拐杖了，这是我给你的第五封信。

"再后来，你的很多记忆开始衰退、模糊了，没有年轻人的记忆力好了，这是我给你的第六封信。

"到最后你躺下了，这个时候我给你第七封信了。"阎罗王说："你看，这七封信清清楚楚，都写着你离死亡不远了，可是你却不知道。"

通常的人，对于死亡没有警觉。你所谓的"积极"的追求，永远都没有停止的时候。这不会使我们从本质上感到快乐，即使是快乐，也只是相对的快乐。赚了一千万的人，他觉得今年赚两千万就会快乐了，但如果今年只赚了十万，他觉得简直是丢死人了。为什么会这样呢？因为世间的欲望，凡夫的欲望啊，也是"心包太虚，量周沙界"，欲望是不能填满我们的心灵的。

佛告诉我们，我们这一生的生命是非常宝贵的。在六道轮回当中，天人享受快乐，三恶道众生接受痛苦，唯独人有一半快乐、一半痛苦，而且是痛苦比快乐多。在六道众生中，人是最聪明、最有智慧的，因为他知道痛苦，知道快乐，还知道离苦得乐，这是最难得的生命状态。有了这样的一个生命状态以后，应该去追求真正的快乐，舍弃一切痛苦。最宝贵的生命你拥有了，但如果你把这一期宝贵的生命都投入到痛苦上面，投入到本质上是痛苦的世间法上面，你划不来，不值得。

对这些世间所谓的快乐，我们要采取什么态度？佛法告诉我们要"适可而止"，你不能把全部身心投入到追求"财、色、名、食、睡"上面。但我们只是凡夫，又必须要有"财、色、名、食、睡"——你要注意你的色身，注意你的经济，也注意你的饮食结构，注意你的健康……怎么样才算健康的生活呢？就是适可而止。你不要觉得坐在这里快乐，你就一天到晚想坐，你要适可而止。坐在这里快乐的时候，你就坐在这里；坐在这里差不多要痛苦了，你就站起来。没有钱，没有饭吃的时候，我们就要先去吃饭，要养活自己。养好了以后，你就不能再追求养你的这些东西，而是要把你的生命放到追求无苦之乐上面。

什么是无苦之乐？佛告诉我们，在现实的人生当中，虽然一切都是苦的，都追求不到真正的快乐，但是在我们每一个人宝贵的生命当中，蕴含了三种无苦之乐。在现实的人生当中，我们追求不到无苦之乐，但是在生命的本质上，我们看到了无苦之乐，要去追求这个无苦之乐。

这三种无苦之乐是什么呢？就是戒、定、慧三学。第一种就是遵守规则。一个遵守规则的人，他是懂得快乐的人；不遵守规则的人，是破坏快乐。这个规则包括皈依三宝、持戒。修行人有修行人的规则，在家居士有居士的戒律，夫妻相处有夫妻的规则，社会有社会的公共道德，国家有国家的法律，每一个团体也有其规章制度。要生存得开心、没有痛苦，你就要遵守规章制度。

释迦佛在制戒的时候，他遵循了我们每一位众生如何契入心性的标准。"令僧欢喜"，这是第一条。结戒的"十句义"当中讲到，遵守规则，就是让我们能够快乐地生活，住在这里就安心，只有安心了，正法才能够流传世间。所以它是"令僧欢喜，令僧安住，令正法久住"。世俗的很多规则，佛也告诉我们要去遵守。特别是随方毗尼，佛跟我们说，如果某地方有很多的风俗习惯，这些习惯是比较好的、无伤大雅的、不伤害生命健康的，弟子们去了那边也要遵守。佛陀说："我的戒律里面制定的一些小的戒律，如果到了那个地方不适应，你可以按照那个地方的习惯来。"比如说，佛制有"但三衣"的比丘，就是五衣、七衣、祖衣三顶袈裟，但是到了多寒的国土，像西藏、青藏高原，雪山、雪域那么寒冷的地方，你说穿三件衣服，冻也把你冻死。那怎么办呢？你要遵守那里的风俗习惯，穿上更多的衣服，所以我们汉地就制造了海青等衣服，穿在里面。这就是佛陀的智慧。他告诉我们，一个会遵守规则的人，他就获得了快乐的第一要素。

我们看一看，自称修行人，却不遵守这里的规则，不遵守大家共同的生活习惯，标新立异，搞个性，搞特殊化，这就是不认识戒学的精神。遵守规则不会痛苦，遵守国家的法律不会痛苦，遵守戒律不会痛苦，没有一个人会因为遵守规则而痛苦。那有些人问了，现在这个社会要按照规则办事，但是好像有时候是不能按规则办事的，要走后门的，不走后门我这生意就赚不了钱。其实真正能够做大事的，他一定是按照规则。如果不按照规则，那么大家就在痛苦当中——不是说你不按照规则会快乐，实际上你走后门得到的利益将来也会失去，也保持不久，因为你所做的这件事情，是破坏社会规则的——行贿、受贿的人，是破坏社会规则，是有罪过的。

社会公共心理、心智失调了，不正常、不健康了，你用这种不健康的状态继续参与，你也是心智功能失调。在一个心智功能失调的社会，大家都会压力很重，烦恼很多。像日本，表面上很发达，但是在全世界，自杀率最高的国家就是日本。为什么日本自杀率会那么高？因为那是一个功能失调的社会，压力才这么大。很发达的地方往往有很多不按规矩办事的现象。表面上很发达，实际上人心惶惶，所以自杀率才会那么高。这是由于这些不遵守规则的人造成的后果——那些人自杀，跟这些不遵守规则的人都有关系。

我们要想到这一点：我宁可少得到一点，我遵守规则，就不会在这个世界参与犯罪，或者说参与到社会功能失调的病态心理当中去。我们要把因果看清楚：我不能做这个事情，我生起烦恼，但这不是我的错——我遵守规则本身是不会错的，是对方做错了，他不按照规则办事，这有因果的。就像你坐在那里很规矩，别人打你了，你手痛了起来，你不能说：我遵守规则，所以你看，我被打了。事实上是对方不遵守规则才打了你，如果对方遵守规则，他就不打你，那么你就不会痛了。所以遵守规则在本质上是没有痛苦的，这是第一条。

第二种无苦之乐就是稳定。我们国家领导人讲："稳定压倒一切。"现在讲和谐社会，就要身心稳定。其实，稳定是我们生命当中本质的快乐。我们不要以为稳定是痛苦的，其实心散乱才是痛苦的。大家看看自己的心情：情绪稳定，家庭稳定，事业稳定，学习稳定，修行稳定，进步也稳定，社会稳定，国家稳定，地球也稳定，稳定是没有痛苦的。所以不会有人说：我情绪太稳定了，我很痛苦。只有你的情绪散乱了，才会痛苦。佛法的戒学，是让我们稳定的基础——戒为定之基，"摄心为戒，因戒生定"，因为持戒，才有稳定。

如何获得稳定？这是定学的内容。我们念一句佛号有一句佛号的稳定，诵一卷经有诵一卷经的稳定，坐禅、止观、经行……所有的一切法门，都是让我们先稳定，然后才开智慧：稳定是智慧的基础。一个修菩萨行的人，他的眼光和要求可能是团体的稳定，所以他一个人要东奔西跑在那里忙，表面上看，他折腾得很多，实际上大家稳定了，他的心就更稳定。我们看到一个国家领导人，国家稳定了，他的心就定了，他无论多忙都是值得的。我们自己身心稳定了，身上的这些小的细胞也会稳定。如果你身上的细胞不稳定了，在那里激动，在那里嗔恨，在那里犯毒——贪、嗔、痴三毒，时间久了，你的身体就会病，你的心就随它转了。所以身体不好的人，想入定也很难，因为身体的很多细胞在捣乱。

我们要看到，稳定本身是快乐的。我们情绪不好的时候，感觉坐下来舒服就坐一下，坐下来是快乐的。坐着腿痛了，不舒服了，心乱了，我们站起来舒服了，你看，站起来他的情绪就稳定了。没有饭吃的时候，肚子饿得不行了，不稳定了，饭一吃进去，他心情舒服了，就稳定了。所以稳定才是我们要追求的。我们追求的是本质的东西，而不是表面的、外在的行为。情绪稳定、团体稳定、道场稳定，这是整个佛法所要追求的结果。

追求定以后，第三个无苦之乐——真正的无苦之乐，是智慧。定虽然是无苦之乐，但是世间的定是有限的。哪怕你停在那里什么妄想都没有，停个八万四千大劫，也只是非想非非想处天——四禅八定的第八个定，还在三界之内。那么长时间定在那里，在定中他一点痛苦都没有，但是定力有限，他会出定，一出定了心就动了，一动就乱，一乱就堕落了。世间的定，包括无想定，外道定，也是如此。顽空也是如此，他一想到空，就觉得身心很安定、很舒服，但是这个空坚持不了多久，因为动力不够，他所抓住的这个空，还是一个生灭法，还是一个空境，是一个相对的缘起法。所以抓住了六根、六尘、六识的生灭世界当中的定境，哪怕你不想——就是没有妄想，停留在根上，还是生灭法。这种定对我们目前修行来说有一点用，可以让心定下来，然后开智慧，但它不是究竟法。也就是说它可以让你很长一段时间没有痛苦，但是如果你执着在这上面，最终的结果还是会痛苦，它不是真正的究竟的定。

"大佛顶首楞严"，这个楞严大定才是真正的稳定，没有出定也没有入定，是不动摇的定。坐在那里不动的时候，我们知道，我们的心性正在起定的作用；你从定中出来，心里在想东西了，是在起想东西的作用。心性大定是没有出定，没有入定，这是我们生命最本质的快乐。它一点痛苦都不会有，我们要追求这种定。生命的本质是这么稳定，而我们大家平常却无缘面对，没有能力去认识它，这是非常可惜的一点。

那么定了以后，就是智慧了，"因定发慧"。因为定下来，你的智慧慢慢地显现出来。定和慧就像是灯和光，我们点一盏蜡烛灯，如果有风吹来，烛光摇晃着，旁边的情景都看不清楚。散乱的人，他的智慧是七零八落的。一般人的智慧都是非常片面，今天想到这个，觉得这个有理，明天想到那个，觉得那个有理，你的理永远在变化。就像我们学习的过程，看了一本书，我们有体会了，以前的观念又被推翻了；就像科学发展一样，我们认识到一个观念了，这个观念更先进，前面的观念就被推翻，把前面的看法又给矫正过来。

这颗心没有安定，所产生的一切智慧都是动摇的，都是零碎的，不是整体的。可能你待人接物有智慧，但是你自己修行用功就没智慧了；可能你打坐的时候有智慧，你待人接物的时候就没智慧了；可能你对亲人有智慧，可是对仇人就没有智慧了；可能你对一般的人有智慧，但是对你情感很重的人又没有智慧了。凡夫的智慧是不稳定的。摇晃的灯光，它照别的景物，照出来都不是正常的。所以我们要追求稳定，使这盏蜡烛灯成为一个无风的灯，没有风吹来，灯静静地在那里照着。就像电灯一样，你看电灯的光一照，那就很清楚了，因为电灯的光是风无法吹得动的。

楞严大定就像电灯的光，什么风都吹不动，"八风吹不动"。我们在自己的心中，感受这种无风的灯，看到自己的心像没有风的灯一样，点在那里没有动摇，这时候它照着外面就是智慧了。所以无风的灯是定，灯照到万物才是智慧，智慧才是认识事物真相的能力。这个能力我们大家都有，但是被我们强烈的执着弄得支离破碎了。如果我们没有任何执着，那么智慧现前，一切生灭烦恼到你面前，你看得比谁都清楚。

有时候，大人看到小孩子从外面跑回来，讲"我怎么样怎么样了"，他要是撒谎，大人一看就看得出来。有经验的人一看就能看得出来，因为你心比他定。你心的智慧是光明的，烦恼的事情要来了，你一看，因缘如此，也不必烦恼；生老病死显现在你的面前，你一看，自有前因，已经定好了；阎罗王的信已经早就在我口袋里了，一看，对上了，就不会烦恼，也不会痛苦了。所以有智慧的人是不会痛苦的，无论是遇到快乐痛苦还是生老病死。因为他有智慧，他把这些前因后果、生灭现象，以及心理活动状况早就看得清清楚楚了。

佛告诉我们，对于世俗所追求的东西，我们要消极一点，因为你把宝贵的生命铺在那些空花水月的幻影上面，实在是不值得。我们不是说"我怕当官，我怕发财，我怕消福，把福消完了我就没有了"，那是小孩子在那里计较呢！你怕什么呀？佛告诉我们，到了西方极乐世界，福报是享都享不完的。我们都要削尖了脑袋往极乐世界钻，哪里会怕呢！不是怕，而是世俗所追求的那些东西，它本质上并不是快乐的，是不值得我们去追求的。我们要追求的，是"戒、定、慧"这三种本质上没有痛苦的快乐。

佛经里面还告诉我们：对于这种快乐，你要追求，你要上半夜诵经，下半夜诵经，中半夜坐禅，"无以睡眠因缘，令一生空过"。你看，佛告诉我们，追求戒、定、慧，要夜以继日地追求。你不要说，我今天坐两个小时坐得好，可以放松一天睡大觉了，这是懈怠相。这个定，我们要夜以继日地追求啊！世俗当中，有哪一个人像出家人这么积极的呢？我们出家人早上三四点钟起床的时候，居士就问：师父啊，你这么早就起来念经了，到底干什么啊？那么早念经有什么用啊？他不知道，这是佛陀交代我们，在这一期宝贵的生命中，我们要努力地去追求戒、定、慧三学。

三、戒、定、慧的修学要领

这三学，又叫做三无漏学。漏，就是烦恼，就是痛苦。掌握了戒学、定学和慧学这三学，原则上我们就掌握了自己没有痛苦的生命状态，这是我们必须努力去追求的。

先以戒为基础，定和慧这两者互相支持。基本原则遵守好了，然后打坐的时候主要修定，让自己处在定的状态。你修定的时候，咒念得很清楚，止观也观得很清楚，不观的话，就"一念不生，了了分明"，也很清楚——清楚就是慧，不妄想就是定。你看，"上座修定，慧在定中"。

下座了，在生活当中，我们就待人接物。你脑袋转得清楚一点，不要稀里糊涂的，别人叫你帮忙你就帮忙，这个随时都可以做的。这时候就是"下座修慧，定在慧中"，你在待人接物当中、在做事情当中，体现出你的定力。如果你都没有碰到坏人，没有碰到魔王，一天到晚碰到的都是佛菩萨，哪里知道你的定力有多少啊？佛菩萨对你的包容性是最强大的，即使是杀人犯，佛菩萨都包容。你在寺庙里真以为自己心里很安，那不算数的。有些人在庙里觉得修行好，一到家里可能不行了，在家里就是考验你的修行功夫。顺境、逆境当中，看你的定力有多少。所以一定是下座要修慧，定在慧中。

平常我们修定的时候，可以感受一下这个"无风的灯"。比如大家坐在这里，身体和心都不要动。动了，就像灯的光开始晃动了。我们不动，就感受身心不动，这时候你身边的一切非常清楚，这也是修定慧等持的一种办法。

受三皈依的人，只有三条戒，就是：皈依佛，不皈依天魔外道；皈依法，不皈依外道的经书典籍；皈依僧，不皈依外道的徒众。受五戒了，就不能杀生、偷盗、邪淫、妄语、饮酒。再进一步，在家居士可以受菩萨戒，也可以受八关斋戒；出家僧众就受沙弥戒、沙弥尼戒，再进一步就受比丘戒、比丘尼戒，然后也受菩萨戒。这些都要按照一定的规矩去学，学起来条条框框也是比较清楚的，但是戒律有开、遮、持、犯。戒、定、慧这三学，只有你有智慧、有定力了，持戒才会满分，才会到位。定和慧都不够的人，持戒可以打打基础，做一个好人，但是以后修起来，

可能反而成为固执。但是这个固执，起码比那些坏的固执
要好得多。

　　戒、定、慧三学是"摄心为戒"，然后"因戒生定，
因定发慧"，有这个先后的次序。先要学戒，然后再学定。
实际上，戒是人品道德的养成。一个人修行路上障碍重重，
遇不到善知识，是什么原因？就是因为他福德不够。持戒
不严，是他福德不够；做人、做事，表现出到哪里别人都
不喜欢，也是福德不够。善根、福德、因缘这三者，福德
是最关键的。你能够学佛，说明因缘有，善根有，但如果
福德不够，你就是遇到善知识了，也会错过。

　　宗喀巴大师告诉我们："不是这个世界没有善知识，是
你不具备弟子相。"你不能当一个好的弟子，善知识如果现
前了，反而会害你，因为你对善知识也会起怀疑，起诽谤，
还在善知识那里挑三拣四。自己以愚痴的眼光去挑别人，
甚至挑善知识，挑来挑去，这样一来，善知识不能现前，
在你的眼中再也不会有善知识，这是福报不够的人。如
果具备了弟子相，善知识不远千里都会来求你。不是你
能够度善知识，而是善知识能够度你，"迷时师度，悟时
自度"。

　　观世音菩萨也讲得很清楚："应以何身得度，即现何身
而为说法。"哪一种身可以度你的，观音菩萨就会现哪一种
身来度你。现在家居士身、童男童女身、比丘比丘尼身，

甚至是以宰官身、国王大臣身能度你的，他都可以现这些身来度你。但是他现所有的身都无法度你的时候，他就不能度你。我们想想观音菩萨有没有来度你啊？我们要生惭愧心啊，遇不到善知识，一定要生惭愧心啊！

修行的基础，一定是培养福德，培养定力。福德不够的人，第一，他根本遇不到善知识，第二，遇到了也会擦肩而过。因为某一个小小的误会，他以自己浅狭的知见去评判善知识，这个结果就非常可怕，所以即使遇到了也会错过，这是非常重要的一点。

我们持戒，就包括了培养福德。什么是福德？大家在生活当中亲身去体会、去感受一下，什么是德、什么是福。一个人无论走到什么地方，大家都喜欢他，他的所作所为别人都会尊重他，这就是他的福德。你到这里嫌这个地方吵，不够安静；到那个地方，安静了，又嫌那个地方事情多；再到一个安静的地方，又嫌供养少；再换一个地方，又嫌护法居士不来。这种人到什么地方都不会受欢迎，他只会挑剔。他的身上长满了像刺猬一样的刺，只会去刺伤别人，这样的人是没有福德的。

我们大家看看自己，哪怕在生活当中、在家庭里面，你用修行的借口去刺伤家里的人，这也是罪过的，你也是没有福报的。你为什么会刺伤他们呢？学佛是在心里啊！你念佛一定要摆一个香案坐在那里，别人觉得摆香案很讨厌，你就偏偏要摆。别人希望你今天能不能不去寺院，家里很忙，你偏偏就要去，看他能怎么样，这不把家庭搞乱了吗？这就没有福德啊！这样的人是遇不到善知识的。你到了善知识那里，善知识叫你这样，你偏偏要那样，叫你上天，你要落地。

培养福德最简单的一个标准是：你到哪里，哪里的人都欢迎你。在寺院里，一般来说你勤劳，多干活，多做事，大家在一起的时候，同样的活你多做一点，大家就欢喜了，你就培养了爱护大家的心了；分利益的时候，最好的分给别人，差的给自己，大家欢喜你了，没人跟你争了，无争第一；要念经的时候，你念的声音比别人稍微响一点，你心里想，要让大家省力一点，让大家能够安心。你的心量有多大，你的成就就有多大。你不要在那里念"闭口真言"，大家念，我不念，反正多一个少一个都一样。大家都不念了，就不一样了。这份心是很微细的，你时时处处只关注自己一个人，这种人的成就啊，这一生度不了任何一个众生！只要你能够帮助身边的每一个人，你就都能够度这些人，你的心量就有那么大。

我想，古人对着一万人讲法的时候，没有麦克风，大家却都能听到，因为古人的心量太大了，一包围下去，他的声音就很洪亮。你看现在的人，用麦克风就这么点声音，还要吼着讲，心量太小了。女众的声音都很低，男众的声音都很洪亮，这是业习呀。女众的声音要是很响了，人家就说这个人不像女人了。心量小，你的所有一切都会小；心量有多大，你的慈悲就有多大，你的智慧、你的事业就有多大。如果你现在想，我一定要利益天下众生，这个观念一旦形成了，你以后的心量一定是观察天下众生需要什么，你努力的最终结果就能够利益天下众生。你如果想，"拔一毛利天下而不为"，那么连你身上的一根毛都没人要，也没人管，也起不了作用，这是很简单的道理。

为什么要弟子们培养福报，培养福德？与众相处的时候，要替别人着想，不能替自己着想。如果你替自己着想，你永远就只有自己，你想成就是不可能的。有些人说："法师，我要跟你学习佛法。"我说："行啊，旁边有好多事情，你看这儿地还没扫，还很脏的，你赶紧去把它扫掉，等一下还有事情。"他说："叫他们去做吧，我想看经要紧，我要多学习佛法。"我就知道，这种人当不了法师的。你看他的心量，都不想帮助别人，这个法讲出去，还有谁得利益呢？没有！只有你的心想利益众生，你的法讲出去就是为他讲的，不是背书。你如果学了一大堆的知识，背书背下来，你的法听不听我看都差不多。

不想利益众生的人成不了法师，成不了菩萨，也成不了大器。这在自己最微细的心念当中，你可以注意。特别是出家人上早晚课，我就能看得出来，大家都在念，这个人不开口、念闭口真言的，他的成就一定不会太高。我对他的希望就是，他能够保管自己就 OK 了，他只要不给别人捣乱就阿弥陀佛了，因为他心里没有别人。他念两句就说"我念得很累"，别人念都不会累，他念就累了？以上讲的是持戒修福报的最基础的地方。

定，是长期培养的。我们诵经、念佛、打坐，都是培养定力。诵经有两种功德，一种是增长你的定力，另一种是增长你的智慧。经文的意思不告诉你，一部经让你去念，十遍、百遍、千遍、万遍你念下去。你从头到尾念啊念啊，念的时候心里想得最多的是经书里面的内容，不太会去想别的事情了，无形当中你的定力开始增长了。在增长的过程中，你已经在学定的定学上面了。

让你持咒，持十万遍、一百万遍，一听：哎呀，师父，我要念这么多遍啊，太难了！哪里是难呢！那是在培养你的定力。你不知道，这是你人生中最应该追求的东西。有些居士让我给他开功课，我让他先诵一千部《地藏经》，再诵一千部《普贤行愿品》，再拜佛拜十万大拜。有居士就说了："师父怎么给我开一千部啊，是不是瞧我不起？是不是看我业障太重了？师父是不是故意要折腾我？"你不知道，这个定是我们从始至终都要学的，让你直接在无苦之乐上去锻炼自己。

讲解经文，是让我们增长慧学。让我们经常听课、听法，就是为了让我们增长慧学。

以上是非常重要的三无漏学。只要这三个，无论哪一个你安住了，你就是快乐的，你修行绝对不会痛苦。

《楞严经》里面给我们讲了持戒最根本的四种律仪（四大清净明诲）——不杀生、不偷盗、不邪淫、不妄语。经中是以淫、杀、盗、妄这样的顺序来讲述的。佛跟阿难说："汝修三昧，本出尘劳，淫心不除，尘不可出……如蒸沙石，欲成其饭，经百千劫，只名热沙。"杀、盗、淫、妄四根本戒，如果你不能遵守，而去追求世间的这些感官上、欲乐上的享受，这种心如果没有消除，那么你的心就被尘劳捆住，不能解脱生死轮回。其他的一切世俗的欲望都是如此，不唯杀、盗、淫、妄。你追求名，也一样不能出尘劳，因为名、利、财、色全是世间法。遵守戒律，心随时安住于守规则的状态，就避免了不守规则的行为会给你带来的痛苦。

戒律又称为"波罗提木叉"，翻译成汉字就是"别别解脱"，受每一条戒都能使身口意的恶业分别解脱。不杀生，是为了不要遭受被众生杀的恶果，那么杀生所带来的痛苦、给众生带来的痛苦从此就解脱了，所以我们不杀生。偷盗有恶报，不偷盗就没有偷盗的恶报，不会犯法，也不会让被偷的人痛苦，所以也是一种解脱。每一条戒都是一个解脱，大家不要以为戒律是用来束缚我们的，相反，戒律是用来解脱我们的。它翻译的名词就叫解脱，而不叫束缚。经常有人说，佛教用很多戒律来束缚我们的行为。其实不对，它是规范我们的行为。我们行为不规范，让我们规范一下、正常一点，这是持戒。

修定呢，当你的心安住于定中的时候，你不会痛苦，也不需要去问师父我这个对还是不对。你听闻了经教以后，就知道自己心情稳定肯定没有错。你听闻了净土法门，知道念佛求生西方。参禅，你知道要明心见性，知道我们的心性跟一切诸佛菩萨、十方法界的众生都是一样的。你的心稳定了，去观照这种心性的妙用，一定不会错，然后你智慧生起来了，对于世间的因果越来越清楚，对于善恶好坏越来越明了。

所以戒、定、慧这三者，我们要不停地去追求。

六神通中，第一最根本的是漏尽通——烦恼断尽。三无漏学——戒、定、慧，无漏就是没有烦恼，这是真正的大神通。有了戒、定、慧这三学，你行遍十方法界都没有障碍，没有戒、定、慧，就寸步难行。我们所作的一切、起心动念，无非是罪，无非是业，只有戒、定、慧这三学，在行为的时候不会痛苦，它的结果一定也不会痛苦，并且是快乐的。

要知道因果的道理，是慧学对世间、对现实人生最基本的一个看法。四种律仪在《楞严经》里面就是"四大清净明海"，是非常重要的一点。大家读经文也可以看得出来，佛陀斩钉截铁地说，我们修三昧，修正定，目的是为了出离尘劳。尘就是六尘，六尘——色、声、香、味、触、法，使我们劳累不堪。你很辛苦，为什么会辛苦？你的六根不停地随外面转，你就辛苦了。你今天看什么东西看一天，你就很累；你听东西听一天，也是很累——上午听两个小时，下午两个小时，晚上就不能再听了，听得再多就累了，耳朵受不了；接触也是一样。你的六根追逐六尘的时候都是很辛苦的。我们把心挂在六尘当中，又劳累又障碍，所以叫尘劳挂碍。修行是为了出离尘劳挂碍。你把这个心收回来，安定了，不落在六尘上面了，你就不会犯戒了。本出尘劳，淫心不除，尘不可出；盗心不除，也是尘不可出；杀心不除，也是尘不可出；妄语不除，也是尘不可出。杀、盗、淫、妄这四根本，扩展开来，一切不法的行为都是让我们心随境转，全部都是要戒掉的。

大修行人看到十八界一切法都成为妙用，前提是已经安顿了。大家通过见道的学习，你可以感受到能所双亡，你就已经安定了。这个时候你再看前面，说那是墙、这是柱子，虽然心随境转，你的心分别这个是墙还是柱，但是你并没有一个随它转的"我"，因为你能所一直都是双亡的。"心随万境转，转处实能幽"，心随境界而转，胡来胡现，汉来汉现，在转的时候却非常自在清净；"随流认得性，无喜亦无忧"，随处什么样的声色之流，都能在当下的境界上认得这个生起妙用的性，超越一切声色尘境，没有喜也没有忧，这样我们的智慧就生长起来了。

如果你功夫是成片的，在这种状态下，不会犯任何的戒，也不会做任何错误的事情，包括你的想法都是合理的，不会想不该想的事情，不会想让自己、别人烦恼痛苦的事情。

真正的大神通就是没有烦恼。因为长期处在没有烦恼的状态，我们原本被掩盖住的很多功能慢慢会显发出来。比如说这个五种神通，天眼、天耳、他心、宿命、神足这五种通，只有在你的心稳定下来以后，它慢慢地就会展开了。用现在的心理学说，就是你心灵的敏感度越来越高。有些人，你给他讲话，他听不懂，你给他讲这个意思，他会理解成那个意思，这说明他的心太乱了。如果他的心很稳定，像镜子一样，不要说讲出来，你还没讲他就知道了，看你的眼神，看你的这个行动，他就能知道这个意思。当然，如果心再粗一点，可能需要你讲，你讲一半，后面一半还没有讲，他就知道你后面一半是什么意思，这就是他心通的开始。我们不要把神通看得很神奇，实际上你的烦恼断尽了，万无一失，然后在这个状态下，神通就慢慢地开发出来了，它并不是很神奇的东西。神足通，还有其他的任何通，包括佛的三十二相、八十种好也是一样，都是在你心性本来的当下，在戒、定、慧三学当中，一点一点地圆满具足。

我们在念一句"阿弥陀佛"的时候，你的心已经蕴含着佛的功德。佛的功德、佛的三十二相在你心中已经慢慢地展开，但是还没有成形，你还不知道。你如果听了见道的道理，在根、尘、识处都能够用功，我们叫做"心里已经诞生了圣人"，叫做"长养圣胎"。像十月怀胎，一开始是没有感觉的。我们现在如果一下子明白了心性，你也没有多少特别的感觉，好像还是一样吃饭、一样穿衣、一样走路，感觉像是一样的，实际上在你的观念上是完全不同了。本来是承认有一个自我，从小到大牢牢地抓住一个我，现在你认识到了，这只是一个缘起，妄想也只是一个缘起，根、尘、识的世界也只是一个缘起，只是一个工具，这些的背后——它们的性能，才是我们的心性。但是这个性能，它没有形象，所以不能称为我，如果一定要称为我也可以，但不是现在我们凡夫心中的这个我。

《涅槃经》里面又说，佛性具足常、乐、我、净四种功德，叫"涅槃四德"。常，是不断、不会变化、永恒的；乐，是没有受苦的；我，是可以作主、不会变化、不会改易、不会离开的；净，是没有污染的。自性具足常、乐、我、净四德，随时在显现。显现了，就显现了；不显现，也在那里。它没有来，没有去，没有离开，没有减少。一旦见到了这个，我们就安住于这个来用功，来修行。一开始你感觉不是特别强烈，但是你只要确认了这种观念以后，那么以前那个确实在斤斤计较、去追求世间享受的那个"我"，慢慢就模糊掉了，就淡化了。有些根性敏锐的人，甚至那个东西从此就没有了，再不会承认有一个"我"在这个世界。

我们现在这一生，就是借助一个工具在这里用。这只是一个工具，这个工具我们贴个标签，叫做"我"。你也可以说"我"怎么样怎么样了，它只是一个标签而已。工具用到什么程度，都没有关系。这里不用了，还可以到别的地方用，甚至还可以千百亿化身。你的心量很大，想同时利益很多众生的时候，你就能够千百亿化身；如果你只想度一个人，你就是一个化身；你想要度两个人，你就有两个化身；不发心的人，没有菩提心的人，他成就不了化身佛，就没有办法去度众生。这是按照我们发心的程度来展开的，是有因果关系的。所以，我们自己看到了，把这种强烈的我执放下来以后，在日常行为当中"长养圣胎"，这就是修道。"二十五圆通"，随处都在修。我们也可以在一个根上修，在耳根或者在根大上，或者念佛，或者持咒，或者诵经，总之都不离开戒、定、慧三个原则。

第六节　楞严咒的功用

《楞严经》里面还有一个特殊的法门，就是《楞严咒》。在第七卷当中，佛陀把《楞严咒》告诉我们了。《楞严咒》的功德非常之大，当我们遇到了任何的灾难、魔障，都可以念《楞严咒》来超越它，得到解脱。《楞严咒》的咒心，就是结尾的那一句"都鲁雍瓦达，跢侄他，唵，阿那隶，毗舍提，鞞啰，跋阇啰，陀唎，槃陀槃陀你，跋阇啰，谤尼泮，虎斜都嚧瓮泮，娑婆诃"，具足了《楞严咒》所含的功德。有些人不会念《楞严咒》，可以念《楞严咒》的咒心，这也具足念《楞严咒》的功德。参禅的人参到无始无明现前，功夫成片，还没有打开本来，没有破本参，想破又还破不了，在这个份上怎么办？这就要念《楞严咒心》来解决。憨山大师说："参禅参至无始无明种子翻腾烦闷欲绝时，须迅速加持《楞严咒心》，仗佛慈力，方可渡过难关。"特别是修心密的弟子，修到六七百座的时候，那个习气翻腾起来简直是坏得要命，连自己看着自己都恶心、难受。我们把很强烈的习气翻出来了，也是好事，说明是进步了，不是退步了。但是如果你没有恰当的办法去对治，那这个习气翻着翻着，最后就被习气淹没了，前面辛辛苦苦所修的那些禅定，一把火就被烧光了。

《楞严经》的见道和修道，按标准的说法：见道以后，我执已经不再有了，但无明的习气还是有；后面修道的过程，就是在长养圣胎。

大乘佛法讲的无明跟小乘十二因缘的无明是不一样的：十二因缘的无明就是强烈的我执，就是念头都还没有生起来之前一片模糊的状态；而大乘佛法所讲的无明，是指障碍佛性的这一层模糊的观念，就是四果阿罗汉见思惑断尽了，他的尘沙惑还在。

菩萨从初住就见道了，见到空性了。到七住思惑断尽，事相上他也自在解脱了，心理上也自在解脱了，但是他的尘沙惑还在，利益众生的能力还不够。从八住开始，九住、十住，这三住以后，他广泛地去利益众生——修十行。十行修行圆满了，再修十回向。十回向的最后是第十回向的满心，就是满打满算到了十回向位的最高点了，这时候他还有一层非常薄的无明在，这层无明给它捅破了，他就见到佛性了，就是登地菩萨。

登地以后，按大乘的说法，见到佛性才算是见道。我们前面讲见空性，见到空，一切法不生，这是小乘初住菩萨见到的空性。初地菩萨见到的就是佛性，我们前面给大家介绍的骑车技术，是指佛性。因为佛性它不离开一切相，而空性必须离开一切相。你看，性还有这样的区别，真心和佛性的不同就在这里。真心，只是本体，藏传佛教讲真心就是空性。因为真心它是离一切相，离相而无相。佛性就是大空性，加一个"大"来形容。有些人开始执着这一切相，这是世间法。没有相，你不去执着了，这充其量也就是小空性。更进一步，在现前当下问你，什么是佛？举一个手指，这样一举，这说明它不离这个相，不离开这个相的才是大空性。

《金刚经》里面有两条道路，第一条叫"应无所住而生其心"。无住，不住色、声、香、味、触、法，不住眼、耳、鼻、舌、身、意，不住十八界，把十八界的全部舍弃光了，根、尘、识全部没有了，所以无住就是没有相。没有相的状态，是先契入空性，然后再生心。生心，又要回到十八界当中来了。必须把十八界舍弃掉以后，才能够明白你的真心。明白了真心以后，再来谈人世间的"郁郁黄花尽是真如，青青翠竹无非般若"，就是证体以后再起用。心密走的道路，第一步也是这个。在修法上打开的人，基本上都是先证体，然后起用。座上打开，"虚空粉碎、大地平沉"，根尘世界全部消失，这就是体了，体露真常，然后你再回过头来积功累德，行善积德做好事。这是第一条道路。

第二条呢，《金刚经》里面还讲："若见诸相非相，则见如来。"它前提是"若见诸相"，你一定要在相上见诸相，见到没有？"非相"，你不能着在相上了——你看到我拿的这个东西，你看到了，这个相你要舍弃掉，还有你能看的也要舍弃掉，这就是你看的性能在这里展现出来了。要"若见诸相非相，则见如来"，就是在相上见到佛性。离一切相而无相的，是真心；即一切相而无相的，就是佛性。不舍一切法，万法就是你的妙用。

在这个上面，我们平常用功打坐的人，如果我执还没有破，第一关是先冲破我执，破本参，就是见道。破了我执以后，还要回来起用，这叫破重关。起用自在无碍了，最后圆满成佛，叫末后牢关。三关可以透脱的。根机利的人可以透脱，根机不利的，初关破完破重关，也是千难万难，也没那么容易。因为证体以后，不起用的人很多，他要一起用，就回到凡夫的心态上，我我你你、是是非非了，他就不能安住于证体来起用。当然真正证体的人，他不起用是因为习气盖住了，如果他没有习气，那就是起用了。这是在修道上长养圣胎出现的情景。

所以我们看到，破本参的人，他还没有见佛性，这时候虽然内心没有多少痛苦，但是对于佛法，特别是对于大乘法，他觉得想不通，用自己的脑子想不通。阿罗汉如果听一个初地菩萨讲法，听了觉得这个法好，实在是好，但好在哪里又说不出来。你们有没有这样？好，实在好，好在哪里说不出来。因为他知道初地菩萨所讲的，全部都是佛性在起用的法，不落在任何一个尘上，圆融自在。但是他又讨厌这个六尘，又不想这些法，觉得这些都是生灭法，

"我不要"。不要，你就起不了用，而菩萨在那里怎么用都没有关系，因此他觉得这是不可思议法。对他来说，他想见佛性，就有一层无明隔着。这层无明，破本参的人想破重关，没办法。怎么办呢？要念《楞严咒心》。

念《楞严咒》很关键。平常我们就在心地上踏踏实实地用功：修心密就用心密的功，修禅宗就用禅宗的功，你用你的根本法安住于正念，这是正法的修行。我执没有破之前，我们听了法，知道根尘都要舍弃，可是舍弃了以后呢，你停在那里没有方向了，不知道怎么办了。那个感觉就像被关在皮球里面一样——佛也看不见，法也看不见，也不知道佛法到底在哪里、究竟是怎么回事，稀里糊涂的感觉。你说稀里糊涂吧，好像看书还都能看懂，一看都能对得上。说一念不生，你也知道"一念不生，了了分明"，就是不知道怎么回事。知其然，不知其所以然，心里还感觉挺纳闷的，有没有这样的感觉？

有些人以为自己开悟了，想一想又觉得自己好像还没开悟，有没有？我估计大部分的人都是这样——以为自己开悟了。你看，"一念不生"我都看得清清楚楚，想想又好像还是没有开悟，还有我执，这就是被关在无明的壳子里。无明像一个皮球，在皮球里面的人看四周都是圆的，所以你觉得自己开悟的时候，看什么都是圆满的。反正起心动念、举手投足，都是佛性在用，都是圆满的，没有缺陷；没有缺陷，感觉又不对，还有我，还有烦恼。这就是无明的状态。怎么办呢？如果你还在修法，你就安住于正念继续修，功到自然成，这个皮球会爆炸掉，爆炸掉那就虚空粉碎了。如果你千座修满了，已经不修法了，这个时候修《楞严咒心》最管用。

我们上次传过的，大家知道《楞严咒心》的手印。无名指对拢撑起来，手腕靠在一起，其他指头伸直，像个撑杆一样给它撑起来，念："都鲁雍瓦达，跢侄他，唵，阿那隶，毗舍提，鞞啰，跋阇啰，陀唎，槃陀槃陀你，跋阇啰，谤尼泮，虎觯都嚧瓮泮，娑婆诃。"在一直念的时候，这个无明就会被撑起来。撑到什么程度呢？我刚才这个比喻，你不是被闷在球里面吗？我们在球里面拿一个撑杆给它撑起来，这个撑杆硬给它加持，加持……撑杆像孙悟空的金箍棒一样可大可小，越念越大，越念越大，把这个皮球硬给撑破了，这个无明就打破了。

翻习气的时候，我们也要持这个咒，很管用的。你要持到撑破为止，这就管用了。《楞严咒》里面有很多成佛的法门，其他的咒没有这个功效。其他的咒可以让你定，安定在那里，停在那里，还继续在无明当中。到这个份上，你感觉很圆满，却找不出所以然。找不出缺口的时候，你就修《楞严咒心》。但如果你千座没有修满，先要修满千座再说。翻习气的时候可以加修这个手印，这样就可以把无明打破。破除了无明，就见到了佛性。

修道位的修法，是很关键的。我们要懂得，见道以后长养圣胎的保任修法，就是随缘消旧业，随缘起用。也要在耳根，或者意根，就是念佛，或者其他任何一根上去专注修这个法。实在不行，就用戒、定、慧三学作为标准，来进行自我修行——遵守一定的规则，持戒，然后不停地让自己增加定力，观想无风的灯。最直接的、最省力的，就是念"阿弥陀佛"或者持观世音菩萨心咒"嗡嘛呢叭咪吽"，这是最简单的。念佛法门不只是简单易行，并且在佛号中蕴含了佛的所有功德。我们"念佛心是佛，妄念是凡夫"：妄想生起来，你就是凡夫；不打妄想，一句佛号念得清清楚楚，你就是佛。

阿弥陀佛在想什么，阿弥陀佛的心是什么样的，你们想不想知道？想知道吧。很简单，就是你妄想不生，念"阿弥陀佛"。你试试看，一个妄想都没有，"阿弥陀佛"念一下，看住自己的心——"阿弥陀佛"，有没有什么样子啊？什么样子都没有。你说什么样子都没有，但你知道自己在念"阿弥陀佛"。怎么知道的呢？"阿弥陀佛"这个词，虽然你不知道是什么意思，但是你念的时候心里没有相，没有相就没有动摇，没有动摇就是不生不灭，这是阿弥陀佛的无量寿；你还清楚自己没有想，清清楚楚，就是无量光啊！所以无量寿、无量光，也就是一个念头都没有，却明明白白。你说，"我没有念佛也可以明明白白"，但你没有跟阿弥陀佛相应啊。

念"阿弥陀佛"，你的因行就跟阿弥陀佛相应，因果同时。所以你念"阿弥陀佛"的时候，你的心就是阿弥陀佛的心，一模一样。你想知道阿弥陀佛的心，在念佛的时候就知道了——一点烦恼都没有。不但如此，我们念佛的时候还具足三十二相、八十种好。《佛说观无量寿经》里面说："诸佛如来是法界身，入一切众生心想中。是故汝等心想佛时，是心即是三十二相、八十随形好。是心是佛，是心作佛。"你看，你心想佛的时候，你的心就有三十二相、八十随形好了，但这个道理讲起来还很深。

用戒、定、慧三学来庄严自己，我们的生命、我们的人生一定不会空过。你每一天要看自己怎么用功好，怎么修行好，你就问自己：有没有安住在戒、定、慧三学上？偏离了戒、定、慧三学，你就不是修行；安住于戒、定、慧三学，你就是在修行。前提是我们发了菩提心，发了出离心，背后要有动力支持我们。当然，发菩提心的时候，还需要观察三恶道苦，观察轮回苦，观察生死苦，念死无常，知道人命无常，知道众生苦。特别是对于还没有解脱的人所感受到的痛苦，你要清清楚楚地体会到。你真正感觉到人生是痛苦的时候，你度众生的心才会切；如果你都感觉到众生没有什么痛苦可言，那么你度众生的心也不会切。

在凡夫还没有解脱之前，一定要先发菩提心。你现在如果不发菩提心，不想利益众生，只想利益自己，一旦真正见到空性，你的动力就没有了，生不起来了。现在以凡夫的心发起菩提心以后，当我们见道了，自然就会观察众生的苦。因为众生苦，所以我们必须日夜兼程，必须精进努力。只要对众生有帮助的，不管是跟他聊天，消除他的疑惑，还是给予他帮助，或者是现实社会当中需要什么，我们一定要想尽办法帮助社会大众，帮助九法界的众生离苦得乐。

用楞严密咒来护持自己，佛在《楞严经》里面告诉我们："十方诸佛，因此咒心，得成无上正遍知觉。（因《楞严咒》的咒心，得成正觉。）十方如来，执此咒心，降伏诸魔，制诸外道。十方如来，乘此咒心，坐宝莲华，应微尘国（应化到微尘的国土）。十方如来，含此咒心，于微尘国，转大法轮。（你要转大法轮，也要持此咒心。）十方如来，持此咒心，能于十方，摩顶授记，自果未成，亦于十方，蒙佛授记。（我们现在还没有成佛，你要持《楞严咒》的咒心，能够承蒙佛陀来授记。）十方如来，依此咒心，能于十方，拔济群苦。十方如来，随此咒心，能于十方，事善知识（侍奉善知识），四威仪中，供养如意，恒沙如来会中，推为大法王子。十方如来，行此咒心，能于十方，摄受亲因，令诸小乘，闻秘密藏，不生惊怖。（能使他们回小向大。）十方如来，诵此咒心，成无上觉，坐菩提树，入大涅槃。十方如来，传此咒心，于灭度后，付佛法事，究竟住持，严净戒律，悉得清净，一切罪恶。（以无所得的心持《楞严咒》的咒心，所有罪恶都会消除，一切灾难也都会消除。）"

所以，佛陀对于《楞严咒》的功德也特别强调。我们看宣化上人，就是在修道过程中持受《楞严咒》，对于《楞严咒》的各种功效，他描述得非常清楚。包括开悟的法门、降魔的法门、消灾障的法门、祈福的法门、护持正念的法门，都在《楞严咒》里面。可见，《楞严咒》所蕴含的功德是无量无边的，我们要用心去持受。不但我们应该用心持受，就是诸佛菩萨以及天龙八部一切鬼神，只要你念了《楞严咒》，他们就马上能够护持我们。因为《楞严咒》里面，一切鬼王、人王、天龙八部、夜叉、饿鬼，这些天神、天王的名字都在里面，你只要念一遍《楞严咒》，把这些王都能叫得出来。你只要把王叫出来，鬼就不敢动你了。如果遇到一个人要打劫我们，我们一旦把他老大的名字叫出来，他就不敢打劫了。饿鬼当中的老大的名字，就在《楞严咒》里面。

为什么念《楞严咒》能够消一切障碍？不论是妖鬼附体，其他的任何种种障碍都能够消除，只要你诚心地念。这是一个必然之理，蕴含了很深的奥义。但是因为它是密咒，所以不能翻译成白话，不能翻译成让我们理解的语言。密咒，都是从佛的心中流露出来的。《楞严咒》在所有咒当中算是比较长的。四大名咒，像《普庵咒》、《楞严咒》、《普隆咒》，这些都属于大的咒。其中《楞严咒》的功德，应该说是最彻底、最究竟的。

我们把《楞严咒》当中相关于修道部分的内容给大家介绍过了，剩下来就是靠大家一起努力了。阿弥陀佛！

第三章　证道

前面我们一起学习了修道。在见道的基础上去修道，叫做真修；不在见道的基础上去修，叫方便修。在没有见道之前，所有的修行都称为方便修；见道以后，只要保护所见之道，随缘自在，任性逍遥，即称为真修。《六祖坛经》中，六祖大师告诉我们，这个法门是对上上根机的人讲的，是无修、无证、无得、无念，不以修的形式去修，因为道无所行，也无所住。所以见道以后的修行就不用问师父了，所谓"迷时师度，悟时自度"。既然已经见了道了，以后的道路就是"随缘消旧业"，任何一种缘遇到了，不管是苦乐、是非、人我、生死、轮回、涅槃，一切法现前即是妙用，无须再从他人求。

通过修道，我们的人生境界会不停地提升，这一点我们要懂得。佛法讲因果，善因有善果，恶因有恶果，清净因有清净果。我们有正因佛性，依照正因去修，那就得成正果。凡是没有结果的事情，我们不去做；凡是结果我们不满意的，我们也不要去做。在修道以后，我们先要进一步认识到：通过这样的修行，自己的人生境界、自己所感受的外在环境是否得以改善？改善的程度又如何？这是在证道位中必须明白的。

《楞严经》非常好，把我们修学佛法路上的三大要领——见、修、证，按照系统从低到高、从浅入深，非常完整地介绍给我们。我们大家在最初发心修行的时候，就知道要发菩提心，要成就佛果菩提，圆满我们人生的智慧、慈悲、种种德行，消除一切生死、烦恼、无明、业习。

第一节　认识二颠倒因

在第七卷当中，佛跟阿难说："汝今欲修真三摩地，直诣如来大涅槃者，先当识此众生、世界，二颠倒因。"我们为什么需要成佛？为什么需要趣大菩提？如果我们现在已经很好，那就没有必要再去求什么。问题是，现在到底好不好呢？佛告诉我们，想证菩提，你要了解有情众生和外在世界，这两种现象是属于颠倒的现象。明白了颠倒现象以后，不依颠倒即是涅槃，颠倒即是轮回。这二颠倒因，构成了有情众生的十二类生。

二颠倒因就是指众生颠倒、世界颠倒。我们现在能感知的这个身心、这个世界，它的真相不会颠倒，缘起因果也不会颠倒，自性光明了了起用也不会颠倒。颠倒在于我们对人生世界的感觉产生了错觉，产生了幻觉。对人生的错误颠倒导致人有生老病死、种种忧悲苦恼，对世界的颠倒又构成了成住坏空、三灾八难，各种外在的自然灾害。想了断这一切颠倒烦恼，必须要认识从哪里开始颠倒。有一句话讲，从哪里摔倒就要从哪里爬起来。想要证涅槃，你必须要认识到，我的烦恼从哪里来，我的生死、有情众生的生死根本从哪里来，认识这种众生颠倒的因。

一、众生颠倒

佛说："云何为众生颠倒？阿难，由性明心，性明圆故。因明发性，性妄见生。从毕竟无，成究竟有。此有所有，非因所因。住所住相，了无根本。本此无住，建立世界，及诸众生。"

什么意思呢？就是自性了然于六根门头，起无边的妙用，却是不染一尘。由于这个性的缘故，我们认识到了自心的动摇。眼睛能看，耳朵能听，不是你想看想听才会有的，而是你具足了这个生命，你本来就有这个性能，亘古不变。山河大地都有自己的功能。我们因为看到这个功能，就发现功能的背后是一切法皆不可得；如果你没有看到这个功能，你就着在相上。无论有相还是没有相，你执着还是不执着，这个功能一直是不会变化的。我们利用了人的身体，看上去就是一个人；如果利用了一个畜生的身体，看上去就是畜生，就像换一件衣服。有这个功能，你想换回来也可以；你不想换回来，换成其他的也可以。你可以成为胖子，也可以成为瘦的，这个功能从来没有丧失，这是自性本具的功能。

"由性明心"，由于有这样的功能，我们就能认识到我们的心，如果没有这种功能，我们就无从认识这颗心。就像这个山河大地，外在的世界，如果只有这个世界，只有物质的存在而没有精神，或者说没有这颗心，那么外在的一切世界也不复存在。这种功能既蕴含了物质和精神，同时也不被物质和精神所束缚。有情众生，就在于多了一颗跟植物、跟无情不同的心，这颗心也是我们自性本具的。自性具足心、物等一切法。自性并不是心，也不是物。由于它具足心的功能，我们就明了自己有这颗心。

"性明圆故"，这颗心无缺无减，它圆明剔透，圆满自在。在圆满自在的相状上，有一个明白的"明"在，我们脑袋有一个明明了了的"明白"。所谓心，就是明明白白的，这就是我们的心。它没有分别，没有执着，也没有是非，没有能所。由这个"明"，启发了它各自的特性。

我这颗心很明白、很明了。那我现在就可以看这个柱子，柱子有柱子的性能，它跟照相机的性能截然不同，所以是"因明发性"——因为你明明白白，所以发现了每个事物各自的特性。大致而言，就是地、水、火、风这四大，地大是坚性，水大是湿性，火大是热性，风大是动性。由地、水、火、风各自分别而隔离开来，由于这种隔离的产生、界别的产生，所以"性妄见生"。"性妄见"是什么？自性本来就是可以在不同的事物上显示出不同的作用——语言有语言的作用，图像有图像的作用，都是自性显现的。可是因为自性的显现，我们在上面反而执着了对各自特性的看法，就是一定把它们分开——心和物分离，六根也分开，眼、耳、鼻、舌、身、意都分开，人我、是非全部分开了。

本来自性是周遍法界，没有任何相又具足了一切相。在一切相上面，我们开始分析是你是我，是好是坏。这么一分析以后，妄见就产生了。你开始只看到一切性本来圆融自在，可是看到它们的差别性的时候，你的心就着在差别相上面。差别相是它外在的一个表现，是一个虚妄相，这个虚妄相也是自性当中所具足的。你认定了虚妄相，却忘记了自性，所以从毕竟无，成究竟有。我们从小到大一直觉得有我，有人，有世界，有众生，一切都是有的，而本质上，它是毕竟无。

《心经》告诉我们："照见五蕴皆空……不生不灭，不垢不净，不增不减，是故空中无色，无受想行识，无眼耳鼻舌身意，无色声香味触法，无眼界，乃至无意识界，无无明，亦无无明尽，乃至无老死，亦无老死尽，无苦集灭道，无智亦无得。"只用一个"无"字来形容我们现实世界的一切相。凡夫的妄见，就从自性具足的相上执取它个别的差别性，所以才会执着冷、热、软、硬、美、丑……这一切相全部给它分开了。咸、酸、苦、辣、长、短、方、圆……各种各样千差万别的万物，本性具足的这些相，我们全部零零碎碎地给它分开，分开之后，我们执取其中一小部分就以为是我的全部，却忘记了整体。

我们取一个身体认为是我，身体之外都是他人，与我无关。实际上，它的真实相状是众生都是同体的，是连在一起的，谁都离不开谁。修行想要成佛，必须是所有众生都圆满了，你才成佛，如果你的世界里面还有一个烦恼众生，你是成不了佛的。你不要说，我修行是"各人吃饭各人饱，各人生死各人了"，自己管自己。"各人自扫门前雪，莫管他人瓦上霜"，其实你不管他人"瓦上霜"，你的"门前雪"是扫不了的。如果你不想度众生，在你的世界里面还有一个你看不顺眼的人，那你就永远沉沦在生死当中，永远沉沦在你看不顺眼的景象当中。

众生本来同体，我们却忘记了这个体，得少为足。得少了以后，把整体给忘了，就像在大海当中舀了一勺水，你如果知道这是海中的一勺水，这没有错，你认为这就是海水，也没有错，但你说这就是海，那你就完全错了！你不但把这一勺水说错了，而且忘记了整个大海，这是两种错误。我们把自身孤立起来，把一切景象孤立起来，当你孤立起来以后，你对自身生命的认识就完全错了，同时你对一切众生的认识也错了。所以看一勺水，说是海水没有错，说"我的一切都是自性在起用"没有错，但是如果你认为你个人所表现的，就是你的世界的一切，那就完全错了！这样你认识不到这个世界，认识不到一切众生，所以从"毕竟无"，成为"究竟有"。一旦有了这个有，就有局限，就有狭隘，就有人我，就有是非，就有分开。

"此有所有"，有是"我"——我认识到有了，然后跟我有关系的，都是我所拥有的东西，就变成有与所有，能所对待。我们在这里，自己一个人为中心，当你觉得你有的时候，你就说：我这里有同修，有信众，有皈依弟子，有师父。你所有的这一切，都是伴随着你的这个有建立起来的。你看，从毕竟无当中建立了这个有，一旦有了，"此有所有"，能所对立。有时候把所有也当成自己，当成自我，这个我执就更加强大。

"非因所因"，不是这个原因，却认为是这个原因。这是真正的无中生有——没有生灭、没有烦恼、没有痛苦的生命现象，被我们这么一折腾，就变成了有我，有生死，有烦恼，有痛苦。痛苦是无因的，轮回也是无因的，没有真正的理由痛苦，我们的理由都是虚幻的错觉。在现实生活当中，我们可以看到，同样的事对不同的人，有些人觉得很痛苦，有些人就淡然一笑了之。举个简单的例子，如果是一个小孩子，他摔了一跤，手破了一点皮，他可能会哭，会闹。哄也哄不好，每天看到摔伤的地方，他就不舒服，特别在意，就要哭闹，可能要闹一个星期，一直到好为止。如果是一个篮球运动员，他破了一块皮，从破一直到好为止，他都没有感觉，是什么原因呢？每个人的标准不同。你认为痛苦的原因一定是它，其实不是它。在生活当中，我们看到很多人会抱怨：我修行不好，都是因为我没有遇到一个好师父，都是因为师父没有好好教我，都是因为没有好道场，都是因为我没有道友……他就不知道都是因为自己不对，都是因为自己那个我执太坚固了，所以说"非因所因"。

"非因所因"以后，我们所追求的方向就完全错了。一般人认为的痛苦是从哪里来的呢？好像是别人给的。走路累了，我们不知道走路累了是源于我们自己内心的感觉，却认为是因为没有车。于是就去发明，造一辆车来让我们不要痛苦，可是造了车以后还是有痛苦。你看最初发明的马车，人们发现马车太慢了，而且走起来颠簸得太厉害，于是左想右想，想出了人力车，人比马总是听话一点。人力车想出来了，自己舒服了，人家却累了，又痛苦了，所以又要去发明、创造。我们总认为痛苦一定是外在给我的，于是用一切科学方法来解决我们的生活问题。科学在发展，我们大家都得到了科学的好处。在得到科学的好处的同时，人类自身的功能也在快速地丧失。

在上个世纪没有车的年代，一个人一天走八十里路是小菜一碟，根本没问题，但是现在让你走八十里路，你不哭爹喊娘就怪了。现在电脑出来了，我们写书法、记忆的功能丧失得很快，什么东西在电脑上一检索都找到了，脑子根本就不去记它。我们向外追求依靠的时候永远没有穷尽。如果在上世纪七八十年代的农村，家里有一部拖拉机就很厉害了，但是现在有两部拖拉机也不厉害了。为什么呢？人心是一样的，但是外在的环境改变了。人的享受、人的欲望，你想满足它，有可能吗？不可能！可见，我们只在做表面上的工作。痛苦来了，生活不方便了，我们以为是由外在原因造成的，于是把外在的条件改善一点，我们会感觉舒服一点，但实际上，这个痛苦一定不是外在造成的。你走不动了，叫一部车，方便一点，但实际上走不动的痛苦，跟你有没有车是没有关系的，你不应该因此而痛苦。

大部分的人在人生几十年当中，所追求的快乐只是差距的快乐，而不是真正的快乐。什么是差距的快乐？就是你比别人好一点了，你就快乐了；你比别人差一点，你就不快乐：你的快乐与否仅仅建立在差距上。"别人骑马我骑驴，仔细思量我不如"，想想人家骑着马，高头大马跑得又快，坐着又爽，而自己骑个驴，又笨又小，想想自己，怎么想都觉得不如别人；"回头转看拉车夫，比上不足下有余"，一看到拉车夫就开始得意了，自己好歹比他舒服。大部分人所追求的快乐，就是这么一回事。在官场上，哪个当官的人说我已经当够了？估计很少。他如果认为当官是快乐的，那他这个官是当不够的，财富也一样是不够的。一个很有地位、很有财富的人，他来到寺院里，看到大家生活得那么简朴，没有钱也没有地位，可是大家的精神却那么饱满，他就觉得自己挺穷的，还挺羡慕这些修行人。为什么呢？他总要找这种差距——他比我好，他修行了，没有担忧了，随缘自在，这样比较啊，就觉得自己不如。实际上只要不比较，你的快乐无从生起，同时你的痛苦也因此消失。

世俗的凡夫，不只是人间的，还包括天道的天人，在六道当中所有我执未破的人、众生，全部都是"非因所因"，他们看不到真正的原因。我们在修道路上，经常会抱怨，但是很少有抱怨自己的，很少有抱怨自己的我执太强的。如果他懂得抱怨自己的我执太强，那他的修行一点问题都不会有，也不需要去问师父了。问题都看清楚了他就不会再抱怨；看不清楚呢，就会一天到晚都想到自己，这样不行那样也不行，对环境的要求很高，对自己是否出家很在意。其实出家、在家不是解脱的真正原因，我执能不能破，才是真正的原因。

"非因所因"以后，就有能所对立，执着这个结果是因为这个原因，那个结果是因为那个原因，而所计较的完全是错的，随着时间的流转，常常是万分颠倒。如果我们同时看到因和果，当你行善法的时候，自己是快乐的，也不会让别人痛苦。自己是快乐的，别人也是快乐的，这样的因没有理由变成痛苦；自己是痛苦的，别人也是痛苦的，这样的因没有理由变成快乐。

"非因所因"以后，我们就"住所住相"，住和所住这两种相生起来。能住，就是心有所执着——本来这个心是没有生灭的，可是因为对事物的明明了了的感觉生起来以后，我们始终觉得有个心。有些人看到"一念不生，了了分明"，就觉得自己明白自己的真心了，总感觉那是自己的真心，那实际上是痛苦的开始。

"因明发性"，因为有这个"明"，就认识到了种种区别。有些人说：我了了分明，看到我的真心了。那我问他：别人的你看到了没有？如果他说：别人的我看不到的。别人的看不到，那他自己的就看不到。自己这个"我的明明白白"看到了，别人有没有明明白白看不到，那这个明明白白就只是局限在自己身上，局限在自己心中，这一定是生死根。

"住"，就是心有所执着；"住所住"，落入了根、尘、识的分别当中。实际上，你看到从"毕竟无"生"究竟有"，这"毕竟无"是本体，"究竟有"是凡夫心中所生的一切相，其实只是妙用而已，但我们往往不懂得"毕竟无"的道理。"非因所因"、"住所住"、"有所有"，就是能所对立，这样成就了以后，本来是了然不生、了然无住的，却在无住当中"建立世界及诸众生"。

这种众生的颠倒：建立了"我"以后，以"我"为核心，就有价值、尺寸、标准开始蔓延开来。只要有局限，有人我，他的心就开始有动。你不要说，我了了分明是没有动的。了了分明的时候，它界限没有分开的，一个念头都没有，它并没有分你我他。你一旦说"了了分明是我的，你的了了分明我没看到"——你给它分开了以后，这就已经动了。有了动了，就有感觉；有了感觉，就有执着；有了执着，这个执着就会产生情感；有了情感以后，就同感相受，感同己受：跟你有共同感觉的人就在一起，同感相依，同类相存。人类，就是一类人在一起。

这样，有缘的众生就聚集在一起，生生不灭，这叫众生颠倒。颠倒的因是由于自性本具的功能在显发作用的时候，我们不能全面地看问题，只看到了其中的一点，执着这一点，然后以此执着为核心，忘记了整体的自性。一体的一真法界你忘记了，这样就有各种业感，感召了各种生死现象，相续不绝，所以有众生颠倒。

二、世界颠倒

如何为世界颠倒呢？即"有"和"所有"建立起来。"有"，有我，有这么一件事情，你把一件事情框架性地建立起来以后，它就有界限。"是有所有，分段妄生"，就是一段一段给它分开了。就像我们大家——我在这里，你在那里，中间有间隔，一段一段都分开了。眼睛跟鼻子分开了，耳朵也分开了。只要一分段，就"因此界立"——世界的"界"，就是界限。本来是同体的，你在同体当中，自性本具地生起一切妙相，你却在相当中执着其中一部分，把其他的分开，这一分开就是"界"。"界"，就是东南西北，四维上下，一切空间成为界。

"非因所因，无住所住"。"非因所因"，不是这个因，你认为是这个因。我们思考烦恼从哪里来：是不是因为没有听上帝的话，所以就烦恼了？是不是没有跟牛学，我们就烦恼了？很多邪魔外道追究到一点，认为这是它的因。比如说，有些人认为肚脐下面的法轮没有转起来，就有生死了，所以他转法轮功去了；道教认为丹田里面的内丹没炼好，所以短命，要炼好了，就会长生不老。这些都是"非因所因"。"非因所因"，构成了因和果的错乱颠倒。

"无住所住"，本来一切法无住，但我们非要住在这里。"迁流不住，因此世成"，无住的一切法都是无常的，都是变化的，没有一个法可以让你停住在那里，你执着住，但事实上它还是不能住，这样就构成了过去、现在、未来这三世世成。

世界——世和界，时间和空间，是由于我们"此有所有"、"非因所因"、"无住所住"这三个前提条件而构成。一旦构成了世界，我们就抓住这个世界，认为世界是真实的。空间完全是错觉，时间也是错觉。空间是错觉，我们可能一下子体会不到。坐在这里，你、我、他都清清楚楚，但实际上是不真实的。我们对于时间的执着很坚固，认为时间是真实的，实际上我们可以观察一下：时间，实际上是因为空间的变化，让我们觉得有时间存在，如果空间没有变化，时间的感觉一点都不存在，它完全是一个幻觉。时间既不是能看到的，也不是能抓到的，你用任何东西都抓不住时间，用任何概念都不能形容时间是长什么样子的。

我们看到太阳升起来了说是早上，太阳落下去了说是晚上，但是你所看到的只是空间在变化，并不能看到时间。古人研究空间的变化——天气变化三百六十五天后，差不多会有一个重复这么一个规律的时候，就得出一个结论：哦，这是一年，一年可以分开四季。继续研究，发现月亮有缺有圆，我们把月亮变化的一个周期称为一个月；太阳每天升起来，落下去，于是我们说这就是一天。这些都是古人观察天文地理空间得到的规律。我们感受到的只是一种空间变化的规律，可是时间成为了我们真实的感觉。一直要到有人把钟表研究出来，我们就觉得时间的存在成为必然。钟表就是把一天分成固定的几个阶段，然后按照一定的机械原理研究出时针、分针、秒针。时间本来是不存在的，通过科学研究，时间就变成产品，变成效率了。如果没有时间的概念，没有年、月、日的概念，没有时、分、秒的概念，叫大家来这里听经，你们可能是十万年以后才来，就不会是今天聚在一起。具体说哪一年、哪一月、哪一天、几点钟、几分钟，在哪里开始讲，我们大家一去，就在那里，这就让我们误以为时间真的存在，实际上是时间的概念给我们带来效率。我们生活在四维的时空当中，以为四维的时空是真实的，实际上你看不到时间。古人的观察和科学的发展，让我们执着时间是真实的，我们会觉得六十岁的人老了，如果没有时间的概念，那不管活了多久，心里也没有老的概念。

空间有变化，就会有流动的感觉——时间在流动。实际上，时间和空间完全是我们的错觉。时间不是固定的，它跟心情有关系。我们看到：人间五十年，四天王天才一天；人间一百年，忉利天才一天。天人快乐，他们从早上到晚上，一天很快就过去了。而对于我们苦恼的人间来说，我们不止是度日如年，而是度日如百年。相比忉利天的天人来说，我们活一百岁相当于是朝生暮死，活五十岁、六十岁相当于只活了半天，是短命鬼。我们看到蚊子最长的寿命可以活几十天，相比起来，我们觉得自己很长寿，可是我们跟忉利天的天人一比，相差太远了。地狱众生，一日之中万死万生，我们的一天，它们已经过了一万辈子了，它们的时间就有那么难过。

现在科学家又在开始研究情绪了，因为情绪能改变你的时间和空间。一个心情好的人，他会把时间缩短，把空间扩大。佛经里面有一句话讲："于一毛端，现宝王刹，坐微尘里，转大法轮。"他的情绪实在好得不得了，看到一个蚂蚁，就能给它说三藏十二部经典。因为他情绪好，就会把空间无限地扩大，不会拥挤，看到每个人的天地都是平静宽广的，在哪里安住都能安心。他也会把时间缩短，几十年一眨眼就过去了。我们说"酒逢知己千杯少"，一千杯酒喝了以后还觉得少。你跟好朋友聊天，三天三夜坐在那里，不觉得时间过去了，情绪好会把时间缩短。

但是如果你情绪不好，你会把空间变小，把时间拉长，所以情绪不好的人是度日如年。一个相思爱人的人，他"一日不见，如隔三秋"。你看，才一天，他就感觉过了三年，时间那么难过，就因为他情绪不好。情绪不好的人，他在什么地方都觉得不自在，没有自己的容身之地。在这个道场，觉得这个道场不行，那个道场，又觉得不是自己修行的地方，不停地在找，不停地在流浪。其实是自己的情绪不好，才把大千世界看得没有容身之处。情绪好的人，哪一个地方不是道场呢？有一餐饭吃的时候，坐在那里吃饭就是你修行的地方；有一张床睡的时候，那张床就是你的道场，你就可以坐禅了；没有床，一个蒲团也能成为你的道场。所以说，大千世界，广阔无边。

我们现在不是执着四维时空吗？现在的人有智慧了，科学家又去发明第五度空间。第五度空间是什么呢？就是我们的情绪。科学家已经发现了，情绪绝对能改变你的世界——情绪能改变你的身体健康情况，情绪能改变你的智慧情况，情绪还能改变你身边的人，感染别人，情绪甚至能改变一切有情无情的虫鱼鸟兽、花草树木。有一点可能大家都是公认的，一个会养花的人，他一定要性情很好，花才会养得很漂亮；性情、情绪不好的人，花非被他养死不可。一个人情绪很好，他跟你讲话，他的话绝对不会让你讨厌；一个人情绪很差，很想表现自己，他的话越讲越不中听。为什么？因为情绪在世界当中，在时间和空间当中，在我们的生活感受当中，起了很大的作用。这一点释迦佛早就看到了，不但释迦佛看到了，所有哲学家也基本上都看到了。所以，所有的宗教、所有的哲学家都要在意他的修养。修养，就是一个人的情绪要管理好，不要让坏的情绪泛滥成灾，毒害自己。

也许有一天，科学家研究出一个测量情绪的机器，就像钟表测量时间一样。比如俄罗斯研究出一种测谎仪，能够检测你讲的话是真是假。你对着测谎仪讲话，你讲的是假话它知道，你讲的是真话它也知道。你一讲谎话，你的心就扑通扑通地跳，心跳的指数多少，你讲假话的程度就有多深，指针就指到什么程度；你如果一点假话都没有讲，它的指针动也不动，因为你很坦然。这跟心情有关系。所以，情绪——你的念头，只要一生出来，对你的身体马上就起作用了。测量情绪的仪器要是真正研究出来了，那大家就都会知道，烦恼是自己召的。谁让你的情绪一天到晚在烦恼上做文章呢？痛苦是自己召的，快乐也是自己召的，所以快乐和痛苦的根源在于你情绪有没有把握好。

科学家的发明好不好呢？如果仪器真的研究出来，我们这个世界的众生就能像把握时间一样把握情绪，效果就可以变好了。但是虽然效果好了，我们可能又执着情绪是真的了，现在还没有人执着情绪是真的。就像钟表一制作出来，人们都认为时间是真实存在的，于是都说大家是生活在四维时空，这种执着又构成了一种世界颠倒。

那么我们现在就开始调节自己的情绪。情绪其实只是表面的现象，它的背后蕴含着错误的知见——认为有我，才产生了一些错误的情绪。这个我一旦打破，我们所有的功能就开发出来了。科学家一直想找的，就是这个宇宙的密码，但是现在没有一个物理仪器能够找得到，因为通过物理仪器，等于是用错误的东西去测量对的东西，得出来的结果是不可能对的。就像用一个梦里的尺寸来测量现实的人生，当你醒过来，梦里有多少黄金、多少白银，你想拿去在生活当中用，一醒过来它就没有了。我们怎么去拿这些梦境来测量我们的现实呢？

对时间和空间的这两种颠倒，以及我们内在的众生颠倒，构成了这个世界的所有颠倒。

三、两种颠倒构成十二类有情众生

我们想证得常住真心，必须先认识到以上两种颠倒。由于这两种颠倒，导致了十二类的生生灭灭。十二类众生就是胎生、卵生、湿生、化生、有想、无想、非有想、非无想、有色、无色、非有色、非无色。

纯想即飞，纯情即沉。想多的、思考多的众生会往上升，他的境界就高；想少的、光是凭感觉的众生，他下沉的机率就高。换句话说，重理智的众生是上升的，重情感的众生是堕落的。但是这两种都不究竟，都是轮回，互相转换。

这十二类生当中，纯想即飞，必然生在天上。天人，包括飞仙、大力鬼王、飞行夜叉、地行罗刹等。他们不太注重物质的享受，不凭直觉去接受感官的觉受，而是内心安住于精神的世界，用他的思想带动他的情感。

情想均等，不飞不坠，就生在人间。情多想少，就落入为横生，重的是毛群，轻的是羽族。依此类推，七分情，三分想，就沦为饿鬼；九情一想，就下地狱；纯情即沉，入阿鼻地狱。

如果我们放下了情执，包括亲情、友情、爱情，甚至山河大地，物质的、自身的执着全部放下，我们的身体就轻飘飘地飞起来了。情，就是一条无形的绳子，捆住你的心。情执重的人，他的心会被揪得很难受。如果你执着一个人，那个人稍有一点什么事情，你就动心了，就像有根绳子在那一头拽着一样。哪怕是对佛菩萨有情感，人家说一句佛教不行，你心里马上就难受了，这种情执是不利于我们修行的。但是我们可以借用情感的执着，来转化为慈悲的妙用。你对谁有"情执"，就希望他能解脱，能成佛，这样一来，这个"情执"拽着他，就把他拽出轮回了。

菩萨叫做觉有情，他的情不是迷失的，不是让两个人一起捆着去死，而是一根救命的绳子，捆着把他救出来。觉悟的情才能够救度众生。如果你觉悟了，变得无情无义，那你也度不了众生，因为你没有去跟众生结缘的动力。我们现在发了菩提心，要度一切众生——"众生无边誓愿度"，就是已经在无形当中把绳子放出去了。我们要度每一个众生都成佛，这种情就是真正的、觉悟的情。

十二类生当中，不管是有想、无想、有色、无色，大致而言不离这两类——一类是情感太重，贪欲太重；另一类是理性，想得比较多，嗔心较重。世俗的理性，不是真正的佛法的智慧，它是一种妄想。想得多、情感少的人，来生基本上都能保持人身或生天上；情感重的人，死后基本上都会下三恶道。如果他是非分明、苦乐参半，那么他转世就是做人。当爷爷奶奶的人，孙子很小，他特别喜欢，在这种情执的牵引下，来生可能会转化为给孙子当老婆。

轮回是很可怕的！我们看起来，轮回真有点乱来。轮回的现象有三个特性：第一个，它是杂乱无章的，完全是混乱的状态、不健康的状态。第二个是不能把握。在轮回当中，谁都不能把握自己。心随境转，境由心造，只要有"我"在，互为动力，互相纠缠。你对他好，他对你好，好当中又有恨，恨当中又有好，所以互相纠缠，不能把握。第三个特点是，轮回中的众生都是自以为是的。因为有我执，所以都站在自己的角度去看问题，不管别人。如果他能够站在别人的角度去看问题，基本上离解脱轮回就不远了。

我们看到很多人在谈恋爱的时候，都以为自己很爱对方，是真的爱对方吗？如果对方跟你没有关系，你还爱他吗？绝对不会爱了。因为他跟你有关系，所以你才爱他。如果他做了一件你不喜欢的事情，恐怕你就不爱他了。这个世界啊，所谓爱他，实际上都是爱自己。最近有一位皈依不久的居士，查出是癌症晚期，这两天可能要往生了。他的女朋友前不久遭受了母亲去世、父亲去世的打击，情感的打击已经很严重了，现在爱人又要离开了，所以她很痛苦。她跑到我们寺院里嚎啕大哭，我听到她说得最多的一句话就是："师父，我该怎么办，接下来我该怎么办？"遭遇情感痛苦的人，是不是都是这样问的？我说："你是爱他，还是爱你自己呢？"她说："我真的很爱他。"我说："我发现你不是在爱他，你看，他躺在那里被疾病折磨得那么痛苦，快走了，你没有想怎么让他情绪好一点，你应该赶紧要把所有的痛苦转化为考虑怎么让他快乐起来。"可是她只是想，他离开我，我怎么办。当我们心很清净的时候，就能觉察到众生的这种情感。你说是不是很可笑呢？表面上说，"我就是喜欢你，一切都为了你"，其实一切都为了自己。因为讲为了你，自己就感觉舒服了。这就是凡夫的颠倒，都是自以为是的。

四、颠倒消除，即证涅槃

这两种颠倒，我们要认识到了以后，"颠倒不生，斯则如来真三摩地"。自性本具这一切万法，包括情感。但是我们在自性具足的一切生命现象当中，却产生了这么严重的颠倒现象，杂乱无章。颠倒要是不生了，就证得了跟佛一样的涅槃。

情感本身并没有错，是我们对情感的态度和看法错了；人我、生命存在并没有错，是我们对人我、生命存在的看法和态度错了。构成错误的原因只有见思二惑。见惑就是错误的看法。它是什么呢？比如矿泉水瓶，在我们看来是一个塑料瓶，但是我们如果认为有一个塑料瓶，这就错了。塑料是什么材料做成的？会看的人看到材料的时候，就知道塑料只是它的一个相、一个名称，这个材料做成了，我们叫它塑料，而在这个世界上，塑料是不存在的。你看这个瓶子，用塑料做成了瓶子，我们叫它塑料瓶。我们叫它、用它都没有错，但你认为这一定只是瓶子，却忘记了它是塑料，这也错了，直觉上错误了。这种直觉上的错误，构成了一切颠倒。我们在修学过程当中，看到自己的烦恼，看到自己的痛苦，你必须承认你是颠倒的。哪个地方出问题了，错了，那么你就看，是行为上错了，还是看法上错了。如果是看法上错了，我们马上改变一下。

为什么佛陀特别重视正知见的培养？《楞严经》一开始就要让我们见道。只有见道以后，你才不会看错。你一看，事物所有的相清清楚楚，所有的用也清清楚楚。相和用是有局限的，可是能够产生这种相、能够起用的它的性能常住法界，不生不灭。每一个事物都能如此去观察。

有居士说："我打妄想，烦恼来了，业障翻起来了，晚上睡不着，念咒也没用，怎么办都没用，我就想到外面去刨地，刨得让自己累得不行，就睡着了。"其实这一切都是"非因所因"，凡夫心。真正让自己习气翻腾、烦恼的原因，不是你睡不着，也不是你没有活干，也不是因为你很悠闲，而是因为你把自己的感受、把自我看得太真实，着在感受的相上了。如果你感觉烦，最多是因为你想到了一些烦恼的事情。如果什么烦恼的事情都没想到，怎么可能烦呢？晚上睡不着，我会觉得是一件很幸福的事情，因为可以用功啊！不过我从来没有失眠过。人生几十年，那么短暂，睡不着还不赶紧用功，还想尽办法吃安眠药干吗？

修般舟三昧，长行九十天，不坐也不卧。前几年有一个叫大雄的人，他在东北修了九十天的般舟三昧。在头三十天内，他每天被睡眠困扰着，想睡，很难冲破这种坚固的习惯。但是他的毅力非常坚强，他就用自己的毅力拼命克服，到了三十天以后他突然睡意全无，每天都精力充沛，所以他发现一个道理——需要睡眠是人的错觉。就是说在三十天以内，他老是下意识地感觉应该睡觉，没有树立人不应该睡觉的观念。但是他用强大的意志力克服过来以后，把过去认为需要睡眠的观念硬给冲破了，所以他一下子就不需要睡眠了，一连九十天没有睡觉。

实际上睡眠也是我们的串习，我们已经养成这个习惯了，不睡可能就不行。就像吸毒一样，他已经吸毒成性了，不吸他的口水会流出来，眼泪也流出来，站也站不住，要躺在地上，躺着还不舒服，还在地上打滚。我没有见过吸毒的人，不知道是不是这样。我们如果不睡，眼睛会红，身体会浮肿，眼泪会流出来，肝火会旺盛，心会烦，各种病症就出来了。这些情况都是因为我们生生世世下意识地告诉自己"我该睡觉了，我该睡觉了"，是这种错觉导致的。

我们对于自心把握的程度，直接影响到我们这个世界。很多的错觉，就是错误的看法和行为，导致众生颠倒、世界颠倒。要想不颠倒，先听闻教法，如理思维，如实见道，依道起修，然后逐步地证果。

佛在经中告诉我们，颠倒不生，就是涅槃。颠倒就是毛病，习气毛病，生死病，无明大病。有人问师父："什么是涅槃？"师父就告诉他，涅槃就等于你生病了，去把病治好，病没有了，这就是涅槃。我们生病的时候很痛苦，病没有了痛苦就没有了。实际上没有病就是真正的快乐。你的身体没有病，思想没有病，就一定是一个最健康的人。当我们错误颠倒的病消失了，我们就证得最根本的菩提果，这是《楞严经》第七卷中所讲的。这样讲好像是有点顿悟、顿修、顿证。你看，很简单，颠倒消除了，就证涅槃。但是从出离生死到真正的无上究竟涅槃，这中间还需要注意哪些事项呢？

第二节　解脱道的修证次第与境界

在《楞严经》的第八卷，佛陀讲了修道的次第、证道的境界，如何从此岸到达彼岸。下面我们重点讲如何证道。

一、亲证无我

实际上，你有了正知见，按照正知见去修，修一点就有一点的结果，这个结果就是证道。证，是指证明、亲证——亲自验证。佛在《阿含经》里面跟弟子们说：你们听懂了法没有？如果听懂了，你们应该用自己的身体，用自己的心去验证。凡是佛讲的法都可以亲自去验证。只有你们验证了，这才算是正法，验证不了的，你不要去说。这个要求就比较高了。按这个要求，我们就不能讲佛的境界了，因为我们还没有成佛。佛对菩萨的要求是：你证得了就要去说，不说就对不起众生。知道学佛这么好，烦恼可以断尽，看着别人烦恼，不去告诉他，你就有罪过。但是如果你自己都没有感觉，你去讲，讲到最后，自己都没底气了，反而让众生生疑惑、起诽谤，就得不偿失了。我一般这样告诉同修和弟子们：你对佛法没有受用的时候不要去弘法，你的受用得到证实了，是如法的，你就可以去说法。

一个证初禅的人，他尽管没有证涅槃、证解脱，但他对佛法的信心完全建立起来了。在证得初禅之前，我们只能处于相信的阶段，不是证信的阶段。"证"是证明的"证"，不是正确的"正"。"信"就是相信佛菩萨，相信祖师大德，相信有道德、有学问、有修养的人——我相信他，他不会骗我。这种相信，随时都有可能起疑惑。只要你自己用心如法地去观照、去体会佛法，调节自己的心态，当你有能力、主动地把心态调好了，可以说，快乐掌握在自己的手上。其实初禅就是主动地把自己的心态调好。想自己快乐，就让自己的身心处于最快乐的状态。心能调节到这种层面，对佛法的信心就不需要别人再讲了，你就知道这个法是世间最好的法。

人间的任何快乐都没有超过初禅的快乐，因为初禅是色界天的快乐。一旦达到以后，你在人间就是佼佼者，就是人间的导师，你再去讲法，对佛法是毫无疑问。不管多高深的佛法，你可以通过信，然后亲身去体会，再来证明你的信仰是正确的。因为你的这种快乐，不但使身心感到愉悦，而且生起的是善念，不会危害社会众生，也不会伤害自己，只会变得更好，不会变得更差。这样的人生方向在世间也是稀有难得。这是属于证信，就是有受用了，你的信具足了。

佛在《阿含经》里面讲的"身证"，就是亲身证得，基本上是指初果至四果的罗汉。佛经中记载，在家居士证初果的非常多，证四果罗汉的基本上是出家人。初果罗汉，他的见地打开了，他见到了空性，实际上就是见到了一切法无我。

要见到无我也是很简单，就是看到世间的一切现象都是无常，无常的现象当中，没有一个东西是永恒不变的。例如杯子，没有属于杯子永恒不变的特性，所以它是没有自我的。它只是一种暂时的存在，一旦条件发生变化，可能就不是杯子了。一切法无常，是法的现象，现象的背后，它的本质就是无我。杯子，没有杯子的自我；桌子，没有桌子的自我；山河大地，没有山河大地的自我；我，也没有我的自我。这很简单，很容易想通的。一旦想通了无我，就给自己一个确定的答案：自己的眼、耳、鼻、舌、身、意，乃至感受到的一切法——外在的世界和内在的心，并没有自我。我们所谓的心就是妄想嘛！你看到自己所有的妄想，想到什么，就同时想到那个东西并没有自我。想到杯子，杯子没有自我；想到佛像，佛像也没有自我；想到自己，"我"也没有自我。用这种智慧的眼光观察，一旦观察到没有我，确定无我，就是初果。你看，快不快？佛一讲法，在座几千人都得法眼净。

如果我们现在在内心能感觉、能确定，确确实实这个世界没有一个事物是有我的——诸法无我，你能切实感受到这种无我的感觉，这就是见到涅槃。身体是无我的，剩下这个身体就是多余的，它什么时候死都可以，什么时候病也没关系，因为你主观的观念已经不受"我"束缚了。心已经涅槃了，身体还活在这里，它是多余的，不需要去处理，这就叫做"有余涅槃"。

一旦见到了无我，我们用心去感受的时候，就发现一个奥妙的地方：本来我们看到这个东西是有的，是不是？有个塑料矿泉水瓶在这里，但是因为现在已经感受到无常的缘故，所以它是无我的——瓶子没有自我，我也没有自我，一切都没有自我。我看到它的同时，我的眼光就有两种功能：一种是看到矿泉水瓶了，这是肉眼所见；同时我们又看到它的本质是无我，这是第二种。以前看到它都是有的，现在看到它没有自我，看得很清楚，一切法都是没有自我的，这就是慧眼，所以叫"慧眼执缘空"。慧眼只看到空，不看到有。慧眼看到无我，这叫一切智。因为你看一切法，不管是漂亮不漂亮，不管男女老少，它总是无我。当你看到无我了，老虎追过来要吃你，你就看到没有一个被吃的人，也没有一个能吃的老虎，你就不会担惊受怕了。

在家居士很容易见道，证初果，出家人更容易，他只要如这个理去看。这是普遍的真理，所以叫一切智。"一切"就是普遍——不管是哪个地方、哪个思想、哪个东西，拿出来一看，绝对是无我的。大家在脑子里寻找一下，能不能找到一个有我的东西啊？找不到。这就是初果罗汉了，很简单。初果罗汉虽然眼光已经有了，慧眼已经看到了，但是他的禅定功夫、修行功夫却一点都没有。对于在家居士，佛的要求是证个初果就好了，因为在家居士有夫妻生活，有家庭生活，要做生意，要成就各种事业。他可以照样成就，就是在一切无我的法当中，去成就一切空中佛事、梦里道场，这样去成就，就是初果的境界。

二、禅定境界、断思惑与证果位的关系

再进一步呢，就要开始修禅定了。欲界的三种欲是淫欲、食欲、睡欲。睡眠和饮食都是我们的欲望。到了初禅之后，欲界粗重的烦恼断尽，微细的烦恼还没有断。色界天以上是禅悦为食，不需要吃饭了。食欲没有了，淫欲也没有，睡欲更没有，这是色界二禅天以上的境界。二果罗汉，他还没有达到色界初禅的境界。这里有个需要注意的地方：二禅的境界是三界以内的色界凡夫的境界，却比初果罗汉的境界还高；而初果罗汉是一个出三界的圣人，实际上他的观念已经出三界了，但他的行为、他的感觉还是在欲界。所以初果罗汉见道的时候，感觉他没有太大的变化。除非他的功夫用得很好，四禅八定都达到了，一下子见道、修道同时完成，那么他在得初果的时候，就同时证得了四果。就是修四禅八定到了第八定的满分——非想非非想处定，禅定已经满分了，快要爆炸了，这时候他一下子明白"一切法无我"，在第八禅定中看到了无我，把"我"舍弃了，这样他就证得了灭尽定，证得了四果。他在见道的同时就已经修道了——见修同时。

平常的凡夫都是先见道，再修道，然后才证道。我们讲证道位，就是不离开这个修，因为修的过程就是我们逐渐证明的过程。初果见道了，叫做须陀洹，叫做预流。"预"就是参与，就是预入圣流——已经参与到圣人之流中了。

凡夫和圣人的根本区别是：凡夫执着有我，圣人看到无我。"看到无我"——你不要小看哦，这不容易的。你要是能确定下来，从此以后，你的生命就入圣人之流了。初果以上只有往上，没有往下的，所以入圣流也叫上流。我们只要有我执，就不入圣流，叫下流，有我执都是往下堕落的。你看我们的习惯——站在那里累了，要坐下来，坐在那里累了，要躺下去，是堕落的，所以凡夫都是下流。

圣人是上流，从证得初果以后，他欲界的烦恼慢慢开始断。三种欲当中，淫欲烦恼是最重的。证二果罗汉是断欲界六品粗重的思惑。这六品思惑断完，就把欲界地居天的淫欲断尽了。地居天包括四天王天和忉利天。地居天的淫欲跟人间的一样，也有男女行淫的过程，也要根相触才达到满足。二果罗汉断尽欲界的六品粗重思惑，淫欲的行为不再有。

证三果罗汉，是再进一步断欲界三品微细的思惑。从淫欲的角度来说，这三品微细的思惑表现为三种状态：第一种，你喜欢异性，喜欢看着对方笑，笑了，你高兴了，你觉得满足了，笑也是欲望。第二种是你喜欢看到对方，不一定要对方笑。所以很多人在恋爱的时候说：只要看你一眼就够了。不用对方笑，看上一眼够了，这是微细的第二品惑。第三种就是你还想他，想到他就很开心，这也是一种欲。但是如果你想到对方的时候，没有男女分别的那种快乐，就不算欲了。比如说你想一位师父，想兄弟姐妹，或者想一个熟人，你并没有把对方当做异性来看待，这样不管对方是异性还是同性，想他都不算是欲。但是你想到他的时候，如果产生了一种异性间的快乐，这就是欲界微细的惑。当这个也断尽了，就证得三果罗汉。

四禅八定总共是八个阶位，每个阶位都有九品思惑，八九七十二品思惑断完，证得四果罗汉，这就是从见到修的证道的过程。佛陀很慈悲，他对于出家人的要求是最好这一生证四果。

出家以后，在没有见道之前——没有认识无我之前，先修禅定。特别是对于年轻的出家人，如果能修到初禅的觉受生起来，就不会再有淫欲心，这一生淫欲的关就过了。如果没有初禅的觉受，会因为淫欲而受煎熬，因为凡夫有这种与生俱来的生理反应。但是由于持戒的缘故，感受上就不至于像"煎熬"那么严重，因为我们有一颗向道之心，即使有一些生理的反应，不当一回事自然也就过去了。

发心猛利的人，依持戒才能真正保护你的法身。不依持戒又没有禅定，那就很难办了。所以为什么说修行、修定一定要以持戒为基础，就是这个道理。有戒为基础，或者有定，就能够把这个问题解决掉，这是对于出家师父而言。

对于在家的居士，按长远的眼光看，最好能够证得初果，那么最多经过七生轮回就入涅槃。这七生不会下三恶道，是七返人天——三次来人间，三次在天上，最后一次是到五净居天入涅槃。这七生中即使天天睡大觉，该吃吃，该喝喝，都没有关系，前提是无我的观念要确定下来，但如果无我的观念没有确定下来，那是造业，罪不可恕。所以佛一般要求居士能证初果就够了，不要求太多。在五戒中，要求在家居士不邪淫，但在夫妻之间的正淫是可以的。邪淫会影响社会，影响家庭，那是不可取的。

四果罗汉证得涅槃，个人就得解脱了。这是小乘的修证方法，大乘的修证方法与之不同。

三、破八十八使见惑

见到无我，是要破八十八使见惑。这个数量标准要达到，要是没有达标，就不算证得初果。可能有人体会到无我了，但你不要高兴太早，以为自己已经证初果了，八十八使见惑要全部破尽了才算。所谓八十八使见惑，是以三界四谛来分配。欲界、色界、无色界这三界，每一界各有苦、集、灭、道四谛，每一谛各具小使多少不同。小使有五利使、五钝使。五利使，就是身见、边见、邪见、见取见、戒取见；五钝使，就是贪、嗔、痴、慢、疑。加起来总共是八十八使，在这里不详细介绍，简单地讲就是五利使和五钝使。

按照刚才所讲，一切都是无常，无常的背后是无我，然后确定一切法、一切心都是无我的。当你确定下来以后，按照这种感觉、这种眼光、这种看法，看看自己有没有身见，就是执着身体是我。好像不会了，因为刚才已经讲了，身体是无常的，这里面没有自我。我们凡夫都是以身见为根本，执着身体有我。身见也叫我见。你如果真的看到了无我，你就会确定身体并不是我，没有我在身体里面，也没有我在身体外面。

前面讲七处征心，征了很久，知道并没有一个我在那里。这是第一，身见没有了。

第二个边见，就是认为"我"是永恒的，或者人死后一了百了，什么都没有了。有是一边，认为是永恒的；断灭又是一边，认为是没有的。《大智度论》说："常是一边，断灭是一边，离是二边行中道，是为般若波罗蜜。"离开这两边，就没有边见了。我们举自行车的例子，骑车的技术是人和车的缘起才体现出来的，执着人是一边，执着车是一边，离开这两边，就是你的技术。不执着这两边了，这叫没有边见。我们看自己对于无我的观念：你认为有一个"无我"，还是没有"无我"？所有的观念到这里都不起作用了。因为你说它是有（常），说它是没有（断灭），都是两边，所以边见没有了。看一下，能不能确定下来。

第三个邪见，就是"非因所因"——不是这个原因，却说是这个原因。不是因为没有道场你修行才不好，是因为你心里有我，我执太重。一个证得无我的人，他能够客观地看问题，这个人的烦恼从哪里来，只要一讲，他就知道烦恼的根在哪里。并且他不会产生邪见，特别不会产生外道见。

外道见包含了四种：

一是空见，就是认为一切都是空的，都是没有的，也就是断灭见。证得无我的人，认识到"一切法无我"，但他不会否定这一切法。这些现象都在这里，怎么可以否定呢？所以他不会产生断见，即空见，说一切都是空的。空性不是指什么都没有，所以空见是邪见。

第二是有见。你告诉别人要相信因果，这样做会得那样的结果，这句话是从缘起法去讲的。你讲的时候就知道，这个因果也是无我的。讲的同时一定要能认识到无我，如果认识不到无我，就执着因果，执着有，就是有见，这也是邪见。

这么一讲呢，你就开始狡猾了，然后你说，那就非空非有。非空非有是什么？不是空，也不是有，两边不定，这叫戏论见，是第三种外道见。

第四种，就是即空即有，这叫相违见。一切法无我是空，一切法缘起是有。空是从无我上讲的，有是从缘起上讲的。为什么把两码事硬拉到一起呢？所以，硬要拉到一起去讲的，叫相违见。

当然，一个证得无我的人，他也可以同时很清楚地看到：讲空从空门而入，讲有从有门而入。亦空亦有，非空非有，他都可以证得。所以不落任何一见，有一见就是我见。

五利使的第四种是见取见。见取见是什么呢？就是执着我的一个见——或者执着无我见，或者执着任何一个观念。无我，包括了你的看法是无我的，你的思想是无我的，你的语言也是无我的。如果你没有亲证，只是从语言上听来两句话就抓住这个见，叫见取见。比如说前面讲见道，你就抓住这个见，认为就是见道了。其实见是不能抓的，"见犹离见，见不能及"。你抓住一个就固定了，一固定下来就有相，一有相就有隔阂，有隔阂就有世界，有世界就有众生，就颠倒了。所以，所有的见都不能固定化、格式化。以为我有这个见是错的，我没有这个见也是错的，因为一切法无我，包括见也是无我。只要你把这种见停下来，见取见也就没有了。所以佛说："若人言如来有所说法，即为谤佛，不能解我所说故。须菩提！说法者，无法可说，是名说法。"这是从见上说的。

五利使的第五种是戒禁取见。一切戒律都是为了规范我们的行为，都是有针对性的。有些人认为持戒就能成佛，其实持戒只是一种规范，是有相的行为，是为了让你更好地成佛，跟成佛不构成因果关系。有些人说，不杀生就能成佛，其实不杀生跟成佛是两码事，不杀生只是你不伤害众生。这些非因所因、非道为道的错误看法就是戒禁取见。另外有些人一定要练夜不倒单，坐着坐着想睡觉了，腰弯下来就坐在那里睡了，睡了三个月以后生病了，这也是因为持戒禁取见。他硬要撑着这些规矩，而这些规矩对修行一点都不利。一个无我的人，他一定不会做这种蠢事，不会故意伤害自己。当你见到无我以后，这五利使就马上消失，一点都不会存。

五钝使的第一个就是贪。见到无我的人，他主观愿望上的贪心不会再有了。你想拥有什么呢？你能拥有的"我"是无我的，所拥有的也是无我的，本质上根本拥有不了什么，所以主观上不会去贪。

第二是嗔，生气。事情不论是好是坏，喜欢的或是不喜欢的，都是无我的，自己也是无我的，有什么好生气的呢？所以一旦证了无我的人，他主观上不会再生气了。

第三是愚痴。愚痴就是不懂得缘起法，不懂得无我，斤斤计较。一个无我的人，他的心胸早就已经宽阔无比了。遇到事情的时候，他都能知道无我。就像看手中矿泉水瓶一样，很清楚地看到无我，那么他的愚痴也从此消失。

第四是傲慢。很多人会傲慢，平常觉得自己比别人厉害。居士也有傲慢的：学了三天佛，就觉得比你学一天的好；听懂一点，就觉得比你听不懂的好。一旦见到无我了，谁好谁坏呢？完全平等，所以他主观上不会有傲慢的心生起来。

第五是怀疑。你如果感受到一切现象皆是无常，无常的现象背后确实没有自我，这样的观念一旦确定了，就知道在这个世界上并没有一个受苦的我。以前感觉很苦的、受苦的那个我实际上不存在，仇恨也是不存在的。在这个世界，所有的一切烦恼痛苦，在你的心中就自然消失，从主观上消失了。因此你就知道，佛告诉我们的这个法实在是太好太好了，在三界以内根本找不到这样的教理，所以对佛法、对生命不再有怀疑。这才真正叫做不惑。

断了见惑的人，他的看法不会再迷惑，但是做法上还有错误。怀疑，再不会有了；贪、嗔、痴、慢这四个，看到无我的时候都不会有。但是他现在看到的无我是理，道理上明白了，当碰到境界，在事情上还是透不过，所以要小心。看到好吃的照样先吃，看到喜欢的人照样笑，看到难看的人照样讨厌——这是在思惑上的。他也会生气，也会贪欲，也会愚痴，也会犯傻，傲慢的习气也会出来。但这些是遇到事情才会有，没有遇到事情不会有，事情过去了也不会后悔，因为他一看，都是无我的。所以断了见惑的人最多经过七生轮回就会了生死，因为他还有思惑的毛病在。

如果他用功努力，不贪、不嗔，也不愚痴，那这一生就证四果，贪、嗔、痴、慢就没有了。贪、嗔、痴、慢这四样，有见惑上的，有思惑上的。见惑上的，就是他主观愿望以为可以。比如说贪的人，他觉得这个人就是好，"我就喜欢跟这个人在一起，没错的"。发脾气的时候他觉得，"我就是对的，他肯定错的，我就是该发火"。其实这已经完全错了。见到无我的人，这种观念不会再有，但是遇到事情的时候，他照样有。所以不要因为遇到事情有贪、嗔、痴、慢的行为，你就又怀疑自己是不是真的见到无我了，因为你见到的只是理。希望大家能够言下见道。阿弥陀佛！

第三节　生命的出路

前面我们一起学习了证道——证得解脱道的一个过程。在认识证道的过程之前，我们介绍了两种颠倒，就是众生颠倒和世界颠倒。由于众生颠倒、世界颠倒，才有了十二类生、六道轮回。我们从学佛开始，对三宝皈依的感觉找到以后，实际上就开始证道了。

一、六道轮回是死胡同

因为在人生的道路上，通常我们总会在追求快乐、舍弃痛苦的一种理念下生活，但由于不知道快乐真正的原因，我们去追求快乐，却种下痛苦的因，导致的结果反而是痛苦。比如我们总是以贪欲的心追求快乐，而贪欲的因种下去，感召的却是痛苦的果。由于我们舍弃痛苦，追求快乐，对于不能使我们快乐的环境产生了错误的判断，以为痛苦都是由外在引起的，所以对外在不如意的现实和人产生嗔恨，却不知道嗔恨正是种下了痛苦的因。有时候我们想追求快乐，以为想得太多是痛苦的，干脆不想，随缘受报，这又种下愚痴的因，感召的结果还是痛苦。产生贪心、嗔恨和愚痴的时候，我们已经不能享受正常的人生了。贪、嗔、痴这三种错误的因，感召的结果是饿鬼、地狱、畜生这三种恶报。它是一种心灵中的负面因素，称为恶法，所以地狱、饿鬼、畜生这三道被称为三恶道。

有些人想：我应该有正义感，应该是非分明，应该做得对一点。实际上我们的正义感是建立在我执的基础上，错误地以为有一个"我"，这会感召到生人道的果报。虽然是善道，但是自以为是的正义感不能永远坚持下去，它是阶段性的。一个人对自己的家人有正义感，对别人可能就没有正义感；对一个种族有正义感，对其他种族可能就没有正义感；对一个国家有正义感，对其他国家可能就没有正义感；对人类有正义感，对畜生可能就没有正义感；对有情众生有正义感，对无情众生可能就没有正义感。所以凡夫的正义感是局限的、狭隘的。这种正义感都是自以为是的正义感，没有错，但很狭隘。

我们见到一些善良的人，为了正义感，为了行善而生气，为了要度众生而生气，为了维护团结而生气。虽然一直在做这种善法，但他心中始终不是纯粹的善良，也坚持不了多久。纯粹的善良，最了不起。我们知道，要得到快乐，必须种下快乐的因，所以一直修习善法。可是我们轮回的本质就是无常，就是不稳定，就是不能把握，就是无我。想坚持以纯善来获得人生的快乐，结果是可以生到天上。

生命的六条道路，你可以自己选择。选择无奈地嗔恨，你选择的是下地狱的道路；选择贪得无厌地不满，你选择的是饿鬼的道路；选择糊里糊涂地得过且过，你选择了畜生的道路；你是非分明，立竿见影，说一不二，你选择的是人生的道路；你为了正义感不惜跟人吵架、打架，你选择的是阿修罗的道路；你选择纯粹的善良，一味付出而丝毫不求回报，你选择的是天人的道路。这善与恶六条道路，都不是我们生命的出路，都是死胡同。无论你多恶，下地狱多少万劫，依然还会从地狱里面出来；即便你积善如须弥山，生到天上，经过无量大劫，依然还是要堕落。这就是死胡同，你进去了，还是要回来，所以叫六道轮回。

想追求生命的出路，只有两条道路——解脱道和菩提道。

二、解脱道证得涅槃

第一条就是解脱道。当我们对三宝生起信心，皈依觉、正、净，我们就已经把生命的方向从六道中改了过来。当我们发起出离心，实际上已经迈上了解脱道，所以大家不要小看这种解脱轮回的决心。当我们迈上解脱道，再如理地观察善恶是非，都是空花水月、幻觉幻影，都是梦中事，都是缘起无自性的法。因此一切善恶到了我们身上，没有地方让它粘着，自然消殒，我们才能见到"诸行无常，诸法无我"。见到无我，以无我的心态去应对人生的种种，结果自然就是解脱道的圣人。

所谓证道，就是你亲自验证了这条道路。这条道路确实是每个人都可以走，它也从来没有离开过我们，只是我们从无始劫以来，一念无明生起，轮回六道，所有的动力都停留并消耗于善恶相对、是非相对之中，被六道这么一个大圈给圈起来了。我执，就是六道这个大圈最边缘的一圈。贪、嗔、痴，是在我执的基础上建立起来的三种反应。由贪、嗔、痴继续蔓延开来，就是爱恨情仇、忧悲苦恼，一切痛苦由此产生。

追究万法的根本，认识到了无我，解脱道就在我们的脚下。"敢问路在何方，路在脚下"，就看你是否能从善恶中完全跳出来。即使跳不出来，看到由于自己贪、嗔、痴生起来而带来的恶报的痛苦，你也要心甘情愿去承受。因为你看到了，种下这个因，感召这个果是必然的，而这一切都是无我的。所以菩萨不会害怕结果，他在因地上自己调整。不种恶道之因，必不受恶道之报；不执着于善法之因，必不受人天之报。所以菩萨能够证得涅槃，以无住心起大悲，回转六道普度一切众生。

三、菩提道度一切众生圆成佛道

第二条生命的道路，就是菩提道。这是由解脱道引发开来的。解脱道只是不受善恶的影响，却不能感受到善恶当中具足了无量的庄严殊胜。发了菩提心以后，就愿意度一切众生圆成佛道。并不是放几次生，修几次布施，到孤儿院去看望几位孤儿，就算是发菩提心的菩萨了，而是你在内心中，已经看到了解脱这条道路，看到了无我的生命真相。你看到这条道路后，就再也不会去走六道的死胡同，不会再受六道所束缚。回想到曾经在六道当中，是多么痛苦！所以回观六道众生，无不是在三界火宅之内遭受五痛五烧之苦。"不忍众生苦，不忍圣教衰"，缘于此心，而发大悲——是因为众生的苦，使你生起了大悲心。一定是建立在解脱道的基础上，才能够称得上是发菩提心。

我们愿意使一切众生究竟离苦得乐。简单地说，就是愿意使一切众生了脱生死，圆成佛道。把我们内在本具的智慧、慈悲全部开发出来，这是我们应该做到的，每一位众生也都可以做到。因为解脱道和菩提道始终伴随着我们，从来不曾离开。再回来度众生的时候，因为看到了无我，所以不再受轮回的束缚。"拔出红尘梦里身，回看苦海半沉沦，慈航普度无休息，厌世翻成救世人"，本来是生出离心，厌离三恶道苦，厌离轮回苦，厌离生死无常，可当你解脱以后回过头来一看，已经是无我无人，没有谁可以让你痛苦，所以反过来是救度世间的人，这就是走上了菩提路。

第四节　如何建立菩提道

以上讲述了解脱道的道果，以及我们如何证得这种果位。接下来，给大家讲菩提道是如何建立的。

菩提道的建立，就是以皈依三宝、愿意成佛为我们的方向，以菩提心为我们的动力。认识到世间的一切都是无我，看到了无我，消除自己的痛苦。可是我们身边的亲人朋友，乃至六道一切众生，却不知道是无我，一直在受苦。我们不忍心他们受苦，愿意使他们圆满成佛，哪怕是为一个众生，都值得去努力。这种菩提心会促使我们认真修学，不敢懈怠，同时随缘救度。你不能天天看着众生受苦，在那里哭，在那里闹，而是安住于无我的状态，要随缘而不舍弃任何一个众生，以这样的菩提心作为动力。

在《楞严经》第八卷的卷首，佛陀告诉我们，要以三种渐次作为菩提道上的保护行。前面给大家讲过，皈依三宝、发心、持戒，这三者是修行的基础。持戒就是培养福德，三宝是前面的目标，出离心和菩提心是后面的动力。你发心有多么勇猛，就有多么精进；发心不勇猛，你就精进不起来。如果觉得修行没有进步，你要检讨自己，看自己的发心是不是出问题了，有没有发出离心。在解脱道上，一定要以出离心作为动力。在菩提道上，一定要以菩提心作为动力。没有菩提心，你就不可能去度众生，也就不可能掌握度众生的方法。

检查自己的发心没有问题以后，修行路上是否顺利，就在于你是否有足够的福德来保护自己。从出发点到目的地的过程当中，要有保护栏把自己始终保护起来——以持戒为根本而展开一系列培养福德的行为。净土宗讲的净业三福，首先就是"孝养父母，奉事师长"。出家也要孝养父母，跟在家相比，是以不同的形式去孝养。"慈心不杀、修十善业"，不去做杀、盗、淫恶行，口不妄言、绮语、恶口、两舌，思想不起贪、嗔、痴，这就是培养福报。持戒和培福，都是为了让我们修行起来不会有危险，感觉更安稳。没有福报的人，修行起来经常会有不安全感——一会儿怕生病，一会儿怕没有善知识，一会儿又怕自己条件不够。这些担惊受怕，就是福报不够。"七岁修行不算早，八十回头也不迟"，所以现在回头刚刚好。就在当下，如法、安详，这样持戒修福，所做一切都能成就。

第八卷中，佛陀特别强调三种渐次。你想走上菩提道，先要明白三种渐次的道理。

"一者修习，除其助因"。除我们痛苦的助因。所谓痛苦的助因，就是一切不良的嗜好和习惯。整个修学过程，首先是要具足这一步。居士皈依三宝以后，我们就开始劝他不要抽烟，不要喝酒，不要闲聊，不要在背后讲人是非。你看，一进山门，"寺院重地，严禁吸烟"，这就是为了把我们的小毛病先去除掉。这些毛病不是导致痛苦最直接、最根本的原因，但是会影响我们很深。

我们都是"依食而住"，依靠食物来维持我们的生命。特别要注意，在食物中，五辛——葱、蒜、韭菜、洋葱、兴蕖，不能吃。兴蕖在印度有，中国没有，所以我们听不懂。这五辛是烈性食品，味道有刺激性，特别容易刺激性细胞，会使性欲增强，所以不能吃。辣椒、姜虽然是辣的，但是它们不属于烈性食品，两者有本质上的区别。另外五辛是臭味的，吃了以后，就算你讲法讲得天花乱坠、妙语连珠，天人也知道你讲得好，跑过来听，但是他们受不了你的臭气，只能站得远远的，背朝着你听。但是饿鬼喜欢臭味，它们跑过来站在你的肩膀上，舔你的嘴巴，这叫臭味相投。天人、善人、有福德的众生都远离你。而饿鬼，经常生起贪心、嗔心的这些没有福报的众生，却经常跟你在一起，你的磁场自然就受到干扰，烦恼成为必然。在没有成道之前，没有证得无我之前，如果不停地受到坏信息的干扰，你的身心不会安详。想要身心安详，必须把自己的身心调节到清净的状态。

持戒的人，为什么会有护法神护着呢？是因为他梵行清净，这些善神自然就跟他相应。我们生命的层次是多元的，就像电视的频道，非常多。你拿着遥控器调到哪个频道，那个频道的图像就展现在你眼前。如果我们把自己的生命调节到饿鬼的频道，你就生活在鬼的世界里，就会越来越像鬼。贪色的人，别人叫他色鬼；酗酒的人，叫他酒鬼；嗜赌成性的，叫赌鬼。我们吃五辛，就会把自己的频道调到鬼的世界，所以千万不要吃五辛。以此类推，在生活当中，想占小便宜也是属于三恶道的习惯。有些人讲话故意不讲道理：你讲上天，他要讲下地；你讲这个，他要讲那个；你给他讲这个意思，他故意要曲解成那个意思；你讲得好好的，他故意要调笑你。这些都属于鬼的特性。所以有些人骂"你这个死鬼"，就是说你有点不三不四。

我们看到六道当中，天道是六百功德，阿修罗道是四百功德，人道是三百功德，畜生是两百功德，饿鬼是一百功德，地狱没有功德。如果我们做人做得不像人，稀里糊涂的，一半是人，一半是畜生，不像三百，也不像两百，那就是二百五。出家人为什么要有威仪？因为一个人如果没有威仪，比如玩笑开习惯了，不正经的话讲习惯了，自然感召的全部是不正经的人，感召的那些鬼也是不正经的鬼。你在生活当中学习起来、修行起来就很难安稳，常常会出很多毛病。心里有鬼了，就跟鬼道相应，所以我们大家千万不要心里有鬼。

古德讲："闲谈杂话损精神，有限光阴贵胜珍，不念弥陀真可惜，阎罗催往靠何人。"你一天到晚叽叽喳喳地闲谈杂话，把时间全部搭在里面，花费的是你的生命啊！你不要以为闲聊一个小时没有什么关系，这一个小时花费的是你的生命。人家都说，浪费别人的时间无异于谋财害命，你看看，你自己有没有浪费时间？所以学佛以后，你想走上菩提道，很多坏习惯一定要改过来，不改过来的话，你永远走不上这条路。因为你的频道不对，是混乱的。所以，第一是要断除我们坏的习惯、坏的毛病。

"二者真修，刳其正性"。刳，就是枯萎、刮除的意思。正性，就是烦恼性。真正的烦恼因，我们要给它刮除掉。正烦恼因是指杀生、偷盗、邪淫、妄语，这是重戒。对于重戒，必须严持不息。当你的心被杀、盗、淫、妄所困了，结果一定是三恶道，连往生三善道的机会都没有。所以你想走上菩提道，就要"诸恶莫作，众善奉行"。第一，慢慢除一些小习气、小毛病；第二，找到真正引导我们轮回的主因，佛在《楞严经》"四大清净明诲"里给我们讲，淫心、偷心、杀心、妄语不除，尘不可出。我们要培养善根，从事真正的修行，就要如法地持戒、修定。

"三者增进，违其现业"。在持戒的基础上，不随着业缘跑，违背现在的业。凡夫平常习惯的行为和看法，要不断地去纠正、修改它，自然就能回旋到原始的地方。正修行路主要是"不染六尘，诸根无偶"。什么意思呢？我们的六根都是伴随着六尘而生起作用的，所以六尘就是凡夫六根的伴偶。伴偶是什么？在家夫妻就是伴偶。眼睛跟色尘结婚了，勾结在一起，你的脑袋就昏了。我们的六根一直追逐外界的六尘，你要证菩提道，必须要把六尘放下，使六根成为孤零零的孤家寡人。所以第一步就是根尘脱落——根和尘脱开。

《楞严经》里面特别强调用根不用尘，不用识，就是要经常感受"视而不见，听而不闻"。所看，清清楚楚，却把心从所看的境物当中收回来；所听，清清楚楚，把心从所听的声尘当中收回来。六根不落六尘，我们的六根自然就能清净。

老子说："五色令人目盲，五音令人耳聋。"贪外界贪得太多了，我们的六根就损失得很快。眼睛视力不好，是我们过去用眼睛用得太厉害了；耳朵听力不好，是我们过去用耳朵用得太厉害了。也许是这一生，也许是过去生。六根一直去勾结外界的六尘，所以很痛苦。六根不在六尘上起作用，就不会再有善恶之业的造作，虽然还没有解脱，但你已经能感觉到清净圆满的身心状态。所以六根不落六尘，是非常重要的。

为什么心密打坐用功，修行进步会比较快？元音老人反复强调，要在"一念不生，了了分明"处用功。"一念不生"，你就没有办法落入六尘。念头才动起来，六尘就勾结在一起，此起彼伏，就像六条龙一样舞蹈。佛陀把根尘勾结的状况比喻为"六龙舞"。现实人生的种种景象，都是由于根尘勾结而产生的。只要六根不落在六尘上，你的身心当下清净圆满。但这个圆满，只是在凡夫世界的圆满。我说"像皮球一样"，它也是圆满的。他能感觉到，现实中能讲得出来的那些痛苦都没有了。

大家可以试一试：六根不落在六尘，这时候你就能感觉到，你的身心已经清净，虽然有我，也是清净的。这是链接凡夫和圣人的交接处。不迈在这条路上，你就永远体会不了佛法的清净圆满。迈到这条路上，一直保持在这里，前面的贪、嗔、痴、慢，杀、盗、淫、妄，一切恶习、一切善法，慢慢地就会从你的心中脱落了。等根和尘全部脱落，心性自然就打开了。常住真心的大门是没有关闭的，你随时可以进入，除非自己蒙蔽了自己的眼睛。我们都是蒙蔽了自己的眼睛，所以对人生、对世界才有那么多的误会和烦恼。

当这三种渐次建立起来了，如此用功，就完全走上了菩提道。这条道路，可以说是丰富多彩、变化多端。我们要努力行菩萨行，就能感受到生命内在的庄严，也是无尽的功德。

第五节　从凡夫到成佛的修证次第

佛在《楞严经》里面安排了五十七个位次。他告诉我们：这五十七个台阶，就是你迈上成佛的宝莲花台的阶梯。假如我们的生命可以展现为立体图案，那么这五十七个位次，就是菩提道上的五十七道风景。每一道风景具足什么样的景观，到了那里会有什么样的心态，佛陀都讲得非常清楚。

我们每一个人都可以从自己的内心中一点一点、一步一步地走上去。

一、简述天台四教的修证位次

按照《菩萨璎珞本业经》和天台智者大师的判教，从凡夫到成佛分藏、通、别、圆四教。藏教阿罗汉，从五停心、四念处、四加行、初果、二果、三果、四果、支佛、菩萨，到成佛，分十个位次。通教从干慧地、性地、八人

地、见地、薄地、离欲地、已办地、支佛地、菩萨地、佛
地，也是十个位次。别教，从十信、十住、十行、十回向、
十地、等觉、妙觉，五十二个位次。圆教在五十二个位次
前面，加上五品弟子位，是五十七个位次。《楞严经》也
是五十七个位次。每一种教的区别，不同的层次、不同的
境界，其实是我们每一个人都有的，只是在各种位次上有
生疏的不同。

所谓国家未定，边疆封爵位高权低；国家已定，论赏
封爵位低权高。就是说，一个国家还在战乱的时候，边疆
的大臣，都要封他为镇国大元帅、镇国大将军；边疆已定，
回来了，他的俸禄远远比打仗的时候更高、更多，但是他
的位置可能就不是镇国，不会威震朝廷了。

什么意思呢？别教的十地菩萨，从初地菩萨开始才算
断一品无明，证一分法身；而圆教呢，初住菩萨就可以断
一品无明，证一分法身，跟别教的初地是一模一样的。位
次虽然有高低，但是境界一定是每个人都可以经历的。

按别教的说法，从见到无我，初住开始，断一品无明，
证一分法身，到彻见佛性证得初地，他要经历十住、十行、
十回向，三十个位次。即使是七住，断除了见思二惑，与
四果罗汉证位相同，他要见到佛性，还要经历二十三个位
次。可是在圆教，初信位的菩萨断除见惑，七信位断除思
惑，他到了初住破无明、见佛性，只需要经历三个位次，

就是八信、九信、十信这三个位次就可以。

经历位次的长短，是看修行的过程而定。善根比较浅的人，在一个位次上，他经历了千难万难，在那里折腾来折腾去，各种情形都经历过了，然后才进了一步。有些人可能不需要经历那么多，到了这个位次很快就出来，进入第二个位次，而且在这个过程当中，他不一定很认真、很小心。虽然他通过得比较快，但是经过各个阶段的过程还是一定会有的。

二、圆教五十七个位次的修证

实际上所有的位次，都是从凡夫直到成佛这条道路。《楞严经》里面所讲的这五十七个位次，它是从圆教的角度来讲的。因为圆教是大开圆解，先见到真如佛性圆满具足一切法，依此见地，然后再起修。起修的过程，就是证实自己修行的过程。我们从圆教来看这五十七个位次，如果没有大开圆解，你听这五十七个位次，感觉就像听天书一样没感觉。如果见到了无我，每一个位次，你都觉得跟自己相似，因为这一切位次都是建立在无我的基础上，不是凡夫生死烦恼的位次。

所以接下来，给大家简单地再介绍一下这五十七个位次的基本情况。

1. 干慧

佛说，修三种渐次，断除我们的习气、毛病和生死根本，然后再安住于根尘脱落的境界。如此起修，不管是修耳根圆通也好，意根圆通也好，只要你体会到根尘脱落，你的智慧就已经生起来了。特别是大家听了无我的道理，你能够体会到"一切法无我"，用思想能感受到无我，确定无我才是生命的真相、宇宙的真相。确定以后，你的智慧就生起来了。这个智慧生起来的位次叫做干慧，在《楞严经》里面是第一个位次。

古人说："智者爱水，仁者爱山。"智慧，我们一般是用水来比喻的，像水一样能够滋润山河大地，滋润我们的身心；而仁慈的人执着善法，他有条不紊、认认真真、仔仔细细去做，一定要做得很好，所以我们比喻仁慈像山一样。

干慧是什么慧呢？当你一念不生的时候，相似体会到了无我的道理，但还不是亲眼见到无我。如果你没有亲自见到，只是听到了，然后说"哦，原来一切法无我，我知道了"，其实你不是真正地知道，只是记住这句话了。这个时候生起来的智慧是干巴巴的，没有滋润性。如果真见到无我，那就是初果了，智慧就有水了，就很滋润，你会感觉很舒服。

在生活中，你要劝一个人，他听起来不舒服，说：你这个人说话怎么干巴巴的？你说的法听起来不滋润，这就是干慧。就是说，你只知道烦恼不对，但是不知道为什么会烦恼。你只知其然，不知其所以然，你就没有办法换位思维。因为你还坚固在我见的基础上，实质上感觉还有我，所以想让别人明白，这有点困难。为什么我们学习佛法，自己有点受用了，这个话却讲不出来呢？讲出来了，别人怎么听了感到别扭呢？这就是干慧——虽然有智慧了，但是法性理水还没有沾边。这是第一个位次，是属于凡夫的位次。

2. 十信

再继续努力，见到无我了，我们就两句话：世间一切都是无常，无常的事物本质上没有自我。我们看自己，包括自己的语言、自我的感觉，亲眼看到是无我的，确定为无我。你一旦确定了，你对佛菩萨，对法界究竟的真理就信心具足了。你的信已经具足了，马上就进入十信位。

十信位有十个位次。初信位，称为信心住。信什么呢？见到无我的人，他只信无我，不信别的。如果他说，"我要皈依三宝"，我就跟他说："一切佛像都是佛宝，一切经书都是法宝，一切出家师父都是僧宝。"一听到这话他就知道，佛像是无我的，经书是无我的，师父也是无我的，我相信的是无我。信心位具足的人，他只信无我，但是他知道，三宝是无我的教材，所以对三宝才会恭敬，他对其他一切事物也不会不恭敬，这叫信心位。

大家有没有见道的？听法就能见道，佛在世讲法时是有的，祖师大德讲法时也是有的，现在如果有的话，我们就是再展大唐雄风。我相信有这样善根的人、这样用功的人能见道。"无我"你不见，你还要见谁呀，是不是？

见到无我以后，第二步干什么？就是要念，不停地思念，不停地回忆、忆念无我的感觉。不要在这里讲的时候，你念的是无我，一出去就念世俗当中的事情去了，那样我们就只停留在初信位。你不停地忆念无我，一切事情碰到了，让自己的心能想起来的、能回忆的，唯独是无我。念咒，知道咒是无我；念佛，知道佛是无我；念经，知道经是无我；讲话，知道讲话是无我。这个念头的力量很强。我们所有的妄想，本身是无我的，所以妄想想到哪里，都能想到"那个东西是无我的"，你可以试试看。所以第二步的用功就在自己的念头上——所有的念头都是伴随着无我生起的。在你的思想当中，不停地加强无我的力量，这是第二信。

第三信，就是进位。进，就是前进不退、精进不退。你念久了，念习惯了，所有的待人接物当中，对无我的印象和感觉只会加深不会减少，这叫只进不退。只要遇到一件事，在这件事当中你就体会到无我：遇到好事，你看到好事是无我；遇到坏事，也知道坏事是无我。所以，你不去选择任何一件事。到了这个道场，这个道场是无我，到了那个道场，那个道场是无我；遇到老虎，老虎是无我，遇到美女，美女也是无我：你遇到任何事情都只进不退。

第四叫慧心。由于你不停地观察无我，以无我作为背景，智慧就从无我的心当中、从无我的觉受当中，一点一点地清晰起来。你与人交往就变得很容易。想交往好朋友有一个秘诀，就是要学会倾听，不会倾听的人是没有朋友的。无我的人很容易学会倾听，因为他看到自己本来没有我，所以也没有要求。有人过来说"东山菜头、西山萝卜"，说"初一、十五"……说什么他都可以听，而不会说"哎呀，这人讲的话太低俗了，我不听"。世间没有一件事是低俗的，大俗如雅，大雅如俗。你不要说："这个老太婆怎么反复讲这几句话？"没有关系，因为反复讲这句话也是她的心态，也是无我的，所以这样就很容易去理解众生。

毒蛇是怕人的，鸟也怕人的，但是如果你真的无我了，慢慢地鸟也不怕你了，看到毒蛇过来了，它不怕你，也不咬你。这些是非因果，都在无我的镜子上慢慢地清晰起来。特别是我们的烦恼生起来，你一对照，就知道这些烦恼都有前因后果，所以智慧就在无我的心中生起来了。

第五信叫做定。有了智慧以后，定力也与日俱增。这个定不是我们盘起腿来，很专注地坐在那里念"阿弥陀佛、阿弥陀佛、阿弥陀佛"，让自己死死地捆在那里，而是你对着任何情景都能看到无我，能够淡定从容。"泰山崩于前而色不变，麋鹿兴于左而目不瞬"，完全做到任何情景出现在眼前都不会害怕，非常安定，因为没有害怕的那个人。

第六信，就是不退转。在无我的基础上，定和慧增长了，不会再退转到五欲的烦恼当中，不会再退到追求名利财色上面。你绝对不会再去用心追求外界的一切物质，哪怕是钻石珠宝，你也不会想要，无心想要，更何况其他东西。

再进一步到了七信，断尽思惑的烦恼。这时候现实人生的一切境遇，生老病死、各种忧悲苦恼，对你来说犹如烈日消雪。"我生已尽，梵行已立，所作已办，不受后有"，应该做的，你已经做了。在理上见到了无我，在一切事相上，由于定慧等持，也证明了无我，这就证得了护法心。所以见思二惑的一切烦恼断了，三界以内，理上的惑和事相上的惑都没有了，没有之后，你的整个生命就融入于解脱道当中。这叫护法，就是护持了自己的正法。就算身体在这里，你完全证得了无为、涅槃——不是见到，而是证得。既然是一个多余的身体，多活一百两百年，或者一千年，或者一年两年，都没有关系；不去活，也没有关系；活着很开心、很快乐，或者穷困潦倒，都没有关系；要生病，也没有关系。

释迦佛在涅槃之前还有三个月的背痛，是为了替众生受业。替众生受业是他的愿，愿力会感召。释迦佛本来是一百年寿命，结果他八十岁就入涅槃了，那二十年，他是留下来给末法时代的出家弟子的。末法时代的出家人福报不够，如果按我们的德行，没有居士会供养我们，我们都是沾了释迦佛的光。佛的二十年的福报积聚下来了，所以这些居士说，出家人是佛的弟子，我们就供养他们吧。

七信位的菩萨，他在剩下的这些时间里，什么时候走都是可以的。释迦佛在涅槃前跟阿难讲了三次："阿难啊，我的身体各处都是病痛，我要舍弃这个身体了。"他希望阿难祈请佛陀住世，结果阿难被魔王所蒙蔽，讲了三次都默然不语，于是佛陀就答应魔王三个月以后入灭。佛陀答应以后，阿难懊恼悔恨不已，哭着祈求佛陀："佛陀，您要住世啊！"佛说："已经太晚了！我跟你讲了三次，当时你被魔王蒙蔽了，现在我已经答应他了。"

我们看到有些大德，一些发心的道场请他去讲经，他没有去，乱七八糟的道场请他去讲经，他反而去了，这可能就是机缘的成熟。你看释迦佛，魔王请他入灭，他答应了；阿难请他住世，他反而没答应。佛是不打妄语的，他在成道的时候，魔王马上来请他入灭，说："你来是争我的阵地，你要赶紧入灭。"佛说："我发愿来度众生，现在还没有弟子呢，现在马上入灭不是白来一趟吗？"所以魔王没办法。于是佛就先收弟子，讲法讲了四十多年，魔王又来请了，说："你的四众弟子都已具足了，需要度的也都度了，你要赶快入灭了。"之前佛跟阿难念了三次，看阿难都没有反应，这次他就答应了。

到了第八信，就叫做回向位。对于护法位和回向位的位次，《楞严经》和天台宗在说法上稍有出入。按天台宗的说法，第七是回向位，第八是护法位，这是依据《菩萨璎珞本业经》的说法。在《楞严经》当中，第七是护法位，第八是回向位。虽然名词不同，但我们知道它们的意义没有差别。第七护法位就是理上、事上全部通过了，见思二惑断尽了，证得了涅槃，然后绵绵密密地保护任持所证得的境界，不让它退失，安住于涅槃的状态，称为护法位。如果讲回向呢，他是已经从理和事两者回向（回归导向）到佛的正觉心地当中，所以称为回向位。回向和护法，名字虽然不同，但在不同的经文中，内在的涵义是可以相互通用的。

我们大家每天念经都有回向，修法也有回向，怎么回向呢？"愿我此生速开智慧成佛，救度众生，不求余果"，是吧？我的回向是："愿我此生速开智慧，证菩提道，救度众生，往生净土。"这也是上师允许我这样回向的，因为心密第四印就是求生净土。"愿我此生速开智慧成佛，救度众生"，这个回向就不得了！

第八信的回向，就是把自己过去的愿、回向的内容再拿出来。你如果没有回向，没有想救度众生，你就停留在七信位，再也进不了了；因为已经涅槃了，"所作已办，不受后有"了。这个时候我们的愿就起作用了，你现在可能感觉不到。我们每天到了回向的时候念"愿我此生速开智慧成佛，救度众生，不求余果"，念一遍，加深一遍印象，但是在生活当中，是否能做到以救度众生作为目的？基本上很少，连救度自己都没有可能。到了第八信回向位，把我们曾经的发愿、回向提出来，重复自己的愿：救度众生，一定要救度众生！以此作为修行的重心。

圆教的第八信，按别教就是八、九、十这三住。八住、九住、十住这三住，所修的是十波罗蜜当中的愿、力、智。愿，就是把我们过去发的愿提出来，使它成为一种动力。你说"我要救度众生"，只是嘴巴说说是没有动力的，你一定要不停地想、不停地想，使之成为一种动力，使你坐在那里坐不住，一定要站起来。你看大殿里面的佛像，十八罗汉都是坐在那里的，左右两尊菩萨——释迦佛两边的侍者，都是站在那里的。为什么站在那里？他坐不住，要利益众生，要赶紧走，不能停留。文殊、普贤、观音、地藏这四大菩萨，他们即使是坐着，也是坐在狮子、大象、鳌鱼、独角兽身上。虽然他们我执没有了，自己已经解脱了，但是还要利益众生，不能停息。狮子、象等都代表走，代表动，代表他们赶紧去度众生，不能停留。我们大家来护持道场，要是没有利益众生的愿，谁愿意把自己口袋的钱掏出去呢？所以一定要让自己的愿成为一种动力，这是第八信。

第九信叫戒。圆教的戒心，相当于别教的十行位。要去度众生，必须具备一定的规范。你看，我们这个道场管理得很规范，大家来了很安心。古人说，"入门休问荣枯事，观看容颜便得知"，一看你的样子，就知道你是什么德性了。你的愿力成为动力之后，需要通过持戒，通过各种规范来规范自己的行为。讲法，有讲法的规范；坐禅，有坐禅的规范；学习，有学习的规范；我们传法，有传法的法本。各种规范就是戒。第九信是让自己的行为，让道场，让度众生的方式都有规范，让众生有痕迹可循。

如果佛一成道就说无我，一天到晚就想到无我，别的什么都不想，我们从哪里知道佛法呢？我们就全得继续沉沦苦海了！佛在《法华经》中讲，他成道的时候想："佛法如此甚深高妙，世间一切众生却深着五欲，强烈地执着有我，不能理解佛的知见。"这时候十方诸天梵王帝释来祈请，祈请释迦佛一定要转法轮，因为天人有神通，知道佛陀成道了。佛有慈悲心，有人请，他想："那我得讲法。"但是佛又想到："要是讲一乘法，讲无我，众生不能相信这个法，并会因为不相信，诽谤佛法而堕三恶道。如果是这样，我宁可不说法，立即入于涅槃。"一般的人，你直接对他讲无我，他信不了啊！所以他又思维："寻念过去佛，所行方便力，我今所得道，亦应说三乘。"于是佛就想要建立种种规则，讲三乘正法。佛陀这样思考以后，"十方佛皆现，梵音慰喻我，善哉释迦文，第一之导师，得是无上法，随诸一切佛，而用方便力"，就是十方诸佛都现身赞叹："好啊！释迦文佛，你真不愧是第一导师，获得这样的无上妙法，依照佛的方法，运用权巧方便，为众生分别讲说。"三乘正法，就是出世间的声闻乘、缘觉乘、菩萨乘；五乘正法，就是再加上人乘和天乘，教你怎么做好一个人，怎么在人间得到快乐。他把这些规矩建立起来了，然后说："我要去度众生，要去鹿野苑说法。"

　　建立各种规范，是九信位的菩萨应该做的。他的见思二惑断尽，愿力提起来已经成为动力了，度众生势在必行，但是没有工具不行，所以要建立工具。五乘正法，"乘"就是乘车的"乘"，就是工具。一切佛法都是工具，包括心密法门的六印一咒，净土法门的阿弥陀佛佛号，或者参禅等等。

　　这些工具建立起来了，到十信位，相对最后的位次，叫做愿心。第八信叫回向，第十信叫愿，回向就是发愿，发愿就是回向。这有什么不同的呢？前面的回向是"我愿意救度众生"，这个愿提起来成为动力；第十个回向是：我的工具准备好了，让众生来乘载，大家都乘到我的车上，到哪里去，这个方向得把握。所以第十信就是愿，就是发愿、回向，就是别教的十回向位所修的相当位次，要回归于解脱，回归于中道。你要引导众生，让他们不走六道轮回的道路，而走解脱道和菩提道的道路，这是我们真正的大愿，这样十信位就具足了。十信位具足以后，尘沙惑就断尽了。八、九、十这三信位，是断尘沙惑的。你看，有了强烈的度众生的愿望，又掌握了度众生的工具，又知道度众生往哪个方向去，你度众生的能力就具足了。

尘沙惑，就是不能如法地度众生的迷惑。有些人自己受用了，解脱也知道，身心也安定，但是让他说法，让他度众生，让他观机逗教，他没有这个能力。圆教十信位的菩萨，他能够知病识药，应病与药。知病，就是知道众生的毛病在哪里，这个众生到你面前，你一看就知道他哪个方面欠缺，他的病在哪里，你就要调教他。病虽然是千差万别，但是根本是一样的，都是我执。识药呢，就是你要认识到，针对不同的病有不同的方法，不能捆死在一根树上。八万四千法门，各种众生都有相对应的法门。应病与药，就是对机施教，知道众生的根机，知道教法，然后针对根机给予教法，这样尘沙惑就没有了。

对一个人不能自始至终引导他解脱，这就是尘沙惑；对一个人，他在一段时间的修行当中出现问题，你不知道该怎么办，这也是尘沙惑。当这些惑都没有了，你的身心理路就通达了。

　　十信满心的时候，需要断除法执的无明。因为在断尘沙惑的过程中，要救度众生的心生起来了，度众生的方法也有了，度众生去哪个方向也明确了，结果自己被度众生这件事情给套牢了，有众生可度了。所以还要回归于中道，不能被度众生的相所迷惑，要回归于自性清净心。

　　3. 十住

　　别教的七住，相当于圆教的七信。在七信位，见思惑断尽了，自利，解脱道也就完成了，但是还没有见到佛性；在八信位，发现自己的愿望——你有度众生的愿，把愿望提起来，愿意证菩提；在九信位，确信能够引导众生去证菩提；在十信位，已经相似地见到菩提了，回归中道；在十信满心的时候，第一品无明需要破，从见到相似的佛性，变成真正见到了佛性。

　　在十信位，如果说我们知道有佛性，知道佛性在我们的根、尘、识当中起用，这只是你听来的，如果没有师父告诉你，你可能不知道。听来以后，你要进一步亲眼去看到。要看到佛性，这就很奇怪了！就像我们讲要看到骑车的技术一样，用眼睛是看不到的。但是不看呢，更是不行，所以要看。通过看以后，就了了见，见到了佛性。实际上见到佛性以后是什么呢？就是他彻底发现，没有众生可度。

　　当你在解脱道上的时候，对于六道轮回简直是深恶痛绝！你看到这么多众生在火宅当中被焚烧着的痛苦，但是你一旦发现，三界六道、根尘识一切法，全部是我们的自性显现出来的，没有一点是生灭法，你的心一下子就安下去了。你知道了，并没有受苦的众生，这种感觉就像自己喘了一口气。我执让我们那么痛苦，见到无我的时候就喘了一口气，我执破掉了，就是十二因缘的无明破掉了。

对于度众生的感觉，众生在受苦的感觉，在你破第一品无明的时候就喘了一口气：噢，原来是没有众生可度的啊！说法说了半天等于没说，众生修行修了半天跟没修一样，所以修一切善法，灭度一切众生，而"无有一众生实灭度者"。这个时候，度众生的这颗心安顿下来了，发明了真心宝藏，这叫发心住，就是初住。

圆教讲初住菩萨的发心，是"初发心时便成正觉"。发心住的人，初发心就是跟成佛一样了——他破了一品无明，证得法身与佛等同。他所见正道是中道，也是与佛等同。唯独有区别的是，四十二品无明，他破了一品无明，证得的是一分法身，还没有全部证得。就像满天的乌云遮盖起来，只是露了一个孔，你看见蓝天了。你一旦看到了蓝天，那么这个蓝天永远都能看到，而且跟佛看到的蓝天一模一样，唯独看到的范围还不全。

接下来进入了十住的初住——发心住。从发心住开始，要修十波罗蜜。圆教发心的"心"，跟我们讲的明心见性的"性"，是一个意思。在这个地方讲真心和佛性是完全一样的，没有区别。但是如果拿初信位明白无我的"真心"来讲，跟佛性是不一不异，是有区别的。就像前面讲过的"回向"和"护法"这两个名词一样，在《楞严经》和《菩萨璎珞本业经》这两本经文所排的修行阶位上刚好相反。我们如果随着文字去转，就对不上号了，如果你知道这个含义，就没有问题了。文字只是一个表法而已，表达它背后的内容。

发心住，它是指真心宝藏，指我们中道的佛性。发心住的菩萨修行的是"百法明门"，让自己的心变得非常微细。前面八至十信正好是想度众生，所以初住菩萨在行为上是修十波罗蜜当中的布施，他所想的就是赶紧以法利益众生。有正法，众生才能得度，没有其他办法，所以他以修布施为根本，安住于自性当中修习布施。

第二住叫治地住。"治"就是治理，"地"就是心地。见到佛性的人，无明习气还在，他的心地宝藏还是杂草丛生，无明的杂草还生长着，所以治地住的菩萨要修持戒。他的持戒是以空为主，就是佛性的当体即空，以空的心态，无所得、无所住的心态来持戒，只要有所住就错了。所以要治理自己的心，随时都能空掉，安住于空当中。

第三住是修行住。修行，就是修忍辱。在度众生的时候，自己的无明烦恼生起来了，你要忍受。这个忍辱不是无奈地忍受，而是有两种意思：忍可、忍受。忍可，就是认可：你心里面的杀生、偷盗、邪淫，或者其他一些妄想、颠倒、无明翻出来，你就忍可——你知道有因必有果，这是生命的必然之理，它一定会生起来的，你认可它，让它在你心里合理化。同时呢，你忍受它。有些修行人忍受不了别人开玩笑，这时候你要忍受得了。各种情形都能忍受、忍可，了了地见到自己的空性。

第四住叫生贵住。你一旦忍可了以后，你的身心安住了，你的人品道德、你的说法，都显得很尊贵、稀有难得。菩萨明心见性以后，到了四住位，还要修生贵。生贵，意思就是精进，就是努力安住于自己的空性。有一句简单的话说"要想人前显贵，必须暗里受罪"，有没有？我们在暗里打坐，坐得哭得要命，出来以后，大家都知道你打坐坐得好。世间学问尚且如此，出世间的解脱道一定也是这样。不精进的人很难让人尊重。如果你懈怠放逸，叫你这个也不干，那个也不干，谁尊重你啊！只有什么都做，而且做了心里很坦然，人家才会尊重你，你的生命才显示出价值——尊贵的价值。

第五住叫做方便具足住。由于你安住于空性，而感受到各种禅定的欢喜，所以说方便具足。禅定就是方便法门。你会发现，念佛有多么好，持咒有多么好，诵经有多么好，修止观有多么好，因为这些都能够使你得定。静虑，静下来思考问题，清清楚楚有多么好，所以叫方便具足。释迦佛是方便具足的最高代表，当时周利槃陀伽什么都不会，佛陀就让他念"扫尘除垢"，最后他证得阿罗汉了，这就是方便具足。一切法信手拈来皆是佛法，这就是方便具足了。

第六是正心住。正心，就是修般若空性。按我们现在的观念，就是修半部《心经》。人家是半部《论语》治天下，我们是半部《心经》了生死。你安住于《心经》的"照见五蕴皆空，度一切苦厄。舍利子，色不异空，空不异色，色即是空，空即是色"到"无挂碍故，无有恐怖，远离颠倒梦想，究竟涅槃"前面这半部就可以了生死了。《心经》实际讲的就是正心安住。

修完正心住，接下来第七住是不退住。这个位次所修的是十波罗蜜当中的第七波罗蜜"方便波罗蜜"。正心是以般若为基础，方便是以利益众生为基础。有方便法门在握，所以不会退转。

第八是童真住。当你自己有般若智慧，对无我很清楚，然后你对于利益众生的各种状况，各种时间、空间都能够自在无碍，你展现出来的就是一个佛的样子——还不是大佛，是一个小佛的样子，叫小佛子。小孩子天真可爱，童真入道，他度众生是在不经意之间就度了，没那么造作，没那么艰难。随随便便讲几句话，这个众生就被他度了，很简单、很殊胜。但是童真必定是力量不强，你让他成批度众生，很难的。他嘻嘻哈哈地开始度几个众生，别人也可能诽谤他，对他来说也没有关系，所以叫童真住。

第九住是法王子住。那就不一样了，法王的太子，这就不是童子了。成为太子，要十六岁以后，皇帝发圣旨颁示全国，让全国人民都知道他立太子了。法王子住的菩萨，他所修的是什么呢？就是安住于正念、真心，所修的还是前面十波罗蜜——在童真住很天真地要去度众生，然后使这种力量不断增强，势必成为法王。我们在座的出家师父有没有这个想法？如果你想势必成为法王，一定要到了第九住才可以。第九住的菩萨会有"我是法王子，我在，佛法一定在"的这种气势。

第十住叫做灌顶住。灌顶，就是国王退位了，退位之前他要传王位给太子，全国文武百官大臣要聚集在一起，老国王给新国王灌顶，灌完顶以后他退位，新王诞生了。所以第十住就是你的智慧——分别的智慧已经具足了，你能够掌管佛法大权。第十住的菩萨，他能够掌管佛法大权，所以是灌顶住——灌顶成佛。

修心密法门都需要灌顶。这个灌顶是表法，表示你要成佛了，这是不容易的。灌顶是什么呢？就是上师把他生命的力量，贯穿到你的生命中，因为他得到了佛法的宝藏。你不要小看灌顶的时候师父把手按在你头上哦，你的生命从此有了他灌注的力量，这才叫真正的师承。为什么要重视师承呢？现在社会上的学问已经没有师承了，对老师都生不起恭敬心。你得到灌顶以后，灌顶的师父就是你的法身父母。你的色身是父母给你的，你的法身就是师父给你的。法身是看不见的，是智慧。师父想度众生，他想你解脱，他以解脱道和菩提道的这两种愿望，给你在生命中安装了一个成佛的"软件"。你不使用，"软件"就没用了，你要是使用，"软件"就起作用了，灌顶就有这个作用。一旦我们感受到，我的这个法是从佛陀那里一代一代传承下来，从我的头顶已经灌进来，在我的心中了，你会生起无比的珍惜。这是第十住，灌顶住。

十住的核心是建立在空性上的，就是安住于自心，不生不灭、不增不减、不垢不净的境界。

4. 十行

十住以后是十行。十行的"行"，就是指开始动了。十住是停在那里，他先要成为法王，是姜太公钓鱼，愿者上钩。十住位的菩萨，实际上他度众生是不会东跑西跑去找你们的，是要你们来的。你们不来求，他不会去求你们的，这叫"礼闻来学，不闻往教"。但是十行位的菩萨就不一样了，你不来，他就去求你，但是他也要看因缘是否成熟，因缘不成熟，求你反而被你打了，那麻烦了。所以，我们只要具足接收佛法的信心，善知识是一定会出现的。

十行位的第一个行，叫做欢喜行。欢喜行是什么？他一看到自己已经成为国王，"新官上任三把火"，第一把就是先去度众生，众生得度了，出师旗开得胜，他太高兴了！如果作为弟子，你修行上有成就，师父是最高兴的，因为他最大的希望就是你修行有成就；而其他的，你讲得好听啊，供养啊，又这样那样啊，他其实不一定很高兴。你修行安住于正念，那他是最高兴了；你不安住于正念，一天到晚唠唠叨叨要恭敬师父，不停地去打扰，那你是障碍呀！

欢喜行是因为他布施了这个法，法王得子，得法王子，何其快哉！所以佛告诉我们：从佛口生，从法化生，解从师生，故称佛子。我们被称为佛子，因为都是从佛的口生起来的。你看，佛开口一讲法，我们听了法以后，就开始变化了——对人生的看法改变了，身心的感受改变了，人生的方向也全改变了，最后跟佛一样了，那就是佛子了。跟佛一样以后，我们再以这个法去度众生，去讲法，我们就是替佛说法，就是佛的化身。所以释迦佛有千百亿化身。看上师要同看佛一样，就是这个道理，因为他传承的是正法，是佛的化身。你不要小看哦，不要说"他还生病呢，哪里是什么佛的化身"！他一样是佛的化身。

第二行是饶益行。饶益行就是持戒，还是修十波罗蜜，但是这十波罗蜜完全在利他上了，而不是在自心上。菩萨戒的三聚净戒有：摄律仪戒、摄善法戒、饶益有情戒。只要能够利益众生，什么行为都是可以的，即使是贪、嗔、痴的行为。①

第三是无嗔恨行。出去度众生，众生有时候不是那么好度的——你讲得对的，他说你讲得错，你讲了为他好，他说你自私自利、别有目的，所以很麻烦。无嗔恨行就是讲法要学会慈悲——入慈悲室，披忍辱衣。我们要来这个教室讲法，一进入就融入了慈悲。你还要披忍辱衣：他要听，你要忍着；高兴了，你要忍着，不要太得意；他听的时候手机响了，你也要忍着；听着听着不高兴了，大家站起来走光了，只剩下凳子，你也要忍着，因为法缘是不一定的。如果过去我们没有结下很深的缘，可能就不一定在这里听法了。所以无论出现什么都不能嗔恨，叫做无嗔恨行。

他得利益了，你也要以法空为座。这个法座可不是简单的，你一坐到法座上，心里就要知道无法可说。如果你觉得"哎呀，我讲法讲得还挺好的"，一得意你就遭殃了。你要知道"无一法可说"，心里面没有任何一法才圆融自在；你如果有法可说，就有角度，有角度就有执着，就有局限。

第四行叫做无尽行，也叫做无屈挠行，就是不能歪歪曲曲的。你不能说"今天想讲究竟法"，想着想着，好像

①　内容引自天台圆教的"性具善恶论"，智者大师引《诸法无行经》说："贪欲即是道，痴恚亦复然，如是三法中，具一切佛法。"

又不能讲了，你不能在那里打妄想。遇到了讲究竟法的因缘，不管他们听得懂听不懂，你都得先讲，讲完以后他们听不懂，你再把台阶放低一点，让他们能听懂。每一次讲法，你都要把究竟法摆在第一。《金刚经》也是把究竟法摆在第一的。任何法门都要把究竟法摆在第一，如果听不懂了，再把台阶慢慢往下降，这叫无尽行。

无尽行之后，是离痴乱行。在度众生的过程当中，有些是跟你情感比较好的，比如说你的弟子、你的亲人，这里面有些可能是外道，你就要修习动中的禅定。利益众生的时候，你具足了禅定，定力就非常圆满，就不会有愚痴和散乱的行为。度众生是不容易的，真正在离痴乱这个行位的菩萨，他是一点散乱都没有的，但我们做不到，因为还没有到这个位置。

离痴乱行以后，第六是修般若，叫善现行。般若善现，"现"就是表现，善于表现。我们要善于表现，就是说，你展现出来的佛法，是自然流露展现出来的，没有造作的。真正大智慧的人，在他的心中是了无一物，胡来胡现，汉来汉现，而不是说先准备一个法在这里等他过来，然后把法给他，那叫守株待兔。当然，他也有可能会撞到一只死兔子，但是那样做能够利益众生的机会很少。所以自心安住于般若智慧，哪个人来了，这个人适合修什么法，他就展现出来，这叫善现。"须菩提"，意思也是善现。

　　修般若之后，第七叫无着行。你有了大智慧，要去利益众生，各种执着都不能有。人我执固然不能有，法我执也不应该有，就是对法也不执着。凡夫在还没有见道之前，必须对法要有所执着。如果你没有到圆教的七行位，即修了方便波罗蜜，就不要轻易地谈"不要执着"。退一百步说，起码也要到了别教的第七行，你自己无我了，确实空了，然后在利益众生的时候，才可以勉勉强强让自己做到不要执着。如果你还有所执着，哪怕是还有一粒灰尘在，还有一个观念在，在任何一个事物上、事相上还有"我"的感觉在，你就千万不要谈不执着。我们经常听到同参道友说，"哎呀，你不要执着嘛"，这句话不要轻易地谈。"你不要执着"，有时候这句话是害人的。但是我们有时候太固执了，已经表现出不符合戒律的要求和精神了，偏执了，那时候说"你不要执着吧"，也是对的。但是真正的不执着是要到了七行位才可以讲的。

　　佛陀是能够达到不执着的。比如说"男女授受不亲"，戒律上也有规定，对于异性不能碰，不能摸，更不能拥抱。佛陀就有不执着的能力。当时印度有一位老太婆，她的儿子死了，很痛苦，想儿子想得神经错乱了。儿子已经火化了，她还到处去找，挨家挨户地去敲门。别人都觉得她挺可怜的，但是没有办法帮助她。一位有智慧的人说："我想到一个办法了，去请教释迦佛，他可能有办法。"于是他就去请教佛陀，佛说："有办法。"佛就去了，在很远的地方看到这位老太婆，她还在敲门找儿子。释迦佛走到她前面不远的地方叫她："妈妈，我在这里。"老太婆太高兴了，说："我终于找到你了！"她跑过来一把抱住释迦佛，亲佛的脸，以为是自己的儿子。然后佛就扶着她坐下来，跟她聊家常："你最近怎么样了，你身体怎么样了……"讲着讲着，老太婆清醒了。她一看，是佛坐在旁边，觉得很惭愧，就站起来顶礼佛陀，说："对不起，我刚才错了。"释迦佛说："很好，你的病已经没有了。"你看，这就是不执着。他的不执着可以救人！我们看到这里是很感动的。这就是佛法！七行位的无着行是修方便波罗蜜，这是特效药，在特殊情况下才可以使用，不是普通人都能用的。你不能模仿，模仿就死定了。

第八行叫尊重行。有了方便以后，在利益众生的过程中，很重要的一点就是：想要度众生，首先要尊重众生。明白没有？一个不尊重你的人跟你讲任何话，你都不会想听，是不是这样？"他对我都不尊重，我凭什么要听他的呢？"佛陀对九法界的众生尊重到了极点。他看到一切众生都有如来智慧德相，所以他尊重的是佛，而不是说：你是蚂蚁，我很尊重你。他是看到蚂蚁跟佛无二无别，所以才尊重。因此戒律规定我们不杀生，要吃素。一般人会认为：哎哟，你干吗吃素啊，动物有生命，植物也是有生命的啊。

他就不知道，植物是没有情感的无情众生，不会有痛苦的感觉，而动物会有痛苦的感觉。戒律还规定，即使是植物，我们也不能随意杀。你不能到山上去看这片树叶漂亮，"啪"一下把它摘下，看到这片草生长得很好，就跑进去踩踏，应"不踏生草"。

佛在世有草系比丘。草系比丘，是指严持戒律的比丘。佛在世时，有一次，一群比丘在游走度化时，不巧与一群盗贼相遇。这些盗贼想找他们的麻烦，就私下议论："今天要把这些比丘全部杀光。"他们当中有个土匪，先前曾做过比丘们的邻居，对比丘的生活与戒律稍有所知，就向同伙们建议："哪用费劲去杀这些比丘呢？只要用根没拔起的茅草把他们捆住，他们就会动弹不得，最后自然就被渴死、饿死了！"那些盗贼们听后欣然同意，于是就用茅草把比丘们捆起来，将他们丢弃在荒郊野外，然后得意地扬长而去。后来，该国的国王刚好经过。国王知道实情后深受感动，并帮他们解开缠缚的茅草。

因此，对于植物，我们也要倍加珍惜，而不只是对动物。植物是没有痛苦的，珍惜它们，可以培养我们的爱心。你随随便便地去砍树枝，好像是漫不经心的，其实是跟嗔恨心相应的。就像看到有些人生气了，拿鞭子去抽一个东西，实际上也是跟嗔恨心相应的。想要用佛法利益众生，首先要把众生当佛看。你只有把众生当佛看了，在度众生的过程中，你才不会觉得自己有功德。因为人家本来是佛，你不过是告诉了人家而已，有什么功德可言呢？他的习气毛病那么重，你去度他，你也知道，他的根机导致他的显现是这样，没有办法，但他毕竟是佛，还是要尊重他。这是第八行，尊重行。

第九行叫善法行。你尊重众生，要像尊重自己的父母亲，父母亲需要什么，我们会尽量满足，要善巧地让他们高兴，在让他们高兴的过程中度他们。这是叫什么呢？"快乐一刀"，杀我们的烦恼。让我们很快乐地断除烦恼，这是善法。如果是让我们很痛苦地断除烦恼，那么这个法不够善。记得我们在打坐的时候，结手印痛得要命，眼泪哗哗流，坐两个小时手就抖了两个小时，这是心甘情愿，甘之如饴。在这个过程中，我们的耐力、承受力在无形中增长了，我们还很乐意去接受。这就是善法，它很善巧地把凡夫贪生怕死、怕苦的习气毛病改过来了。如果你这么痛苦掉眼泪是因为谁打了你，那么恐怕一辈子、两辈子你都会恨他；如果是你心甘情愿的，你就怨不得谁了。这就是善法，很善巧的。

第十行，叫做真实行。善法，都回归于究竟真理，没有欺骗，没有夸张，如实而言。佛讲的一切法，都是针对不同的众生，都能落到实处。如果你自身没有修行，学习了教理，背了一些文字语言，讲了这句话却不知道它的真正含义，这叫不真实。十行位的菩萨，他说的每一句话都能落到实处。他讲"生死是苦的"，一定有一个"生死是苦的"境界存在；他讲"贪欲、嗔恨是苦的"，一定有"贪欲、嗔恨是苦的"境界在；他讲"世间是无我的"，一定有"无我的"状况在。就是说，所有一切言语，所说如所行，所行如所说。所有的佛经，开始都有四个字：如是我闻。"如是"，就是确确实实是这样。过去、未来、现在、东南西北，一切时间、一切空间当中，真理是不会改变的，这叫"如是"。所以，第十行叫真实行。

5. 十回向

十行的重心，是以智慧观察众生，落实在利益众生的利他上面；十住的重心是落在自利上面。自利利他，不能分离。利他太久了，会忘记了跟自利的关系，所以再进一步，两者要合而为一，这就是十回向。回向，就是回归中道实相。

十回向位的初回向位，是救护众生离众生相回向。前面十行都是在利益他人，你在利益他人的过程中，已经使十波罗蜜都具足了，在这个基础上你要回归中道。在救度一切众生中，一定要离众生相，没有众生可度。"了了见，无一物"，了了地度众生，却没有一个众生可度，就消除了众生相。

对照《金刚经》的说法，十住位就是无我相，十行位就是无人相，十回向位就是无众生相。我相、人相、众生相，实际上凡夫都在执着，未必到十回向位才开始断。即使你见到佛性，断了一品无明以后，剩下的习气还很重。这些习气就是无明，就是还有有众生可度的习气，还有众生相的习气。所以第一个回向，就是救护众生离众生相回向。救护众生，就是修布施三轮体空，没有可布施的对象，没有能布施的我，也没有所布施的物，就是离众生相。

第二个是不坏回向。虽然没有众生相了，但是众生千差万别，根机各异，你不能破坏他们的一切法，所以要不离常断两边，不离有无两边，而行于中道——不离边际皆中道。前面讲"常是一边，断灭是一边，离是二边行中道"。离常断两边，好像有个中间，实际上到了十回向位的第二个回向位——不坏回向，就是常断、空有两边都可以用。执着有的人，你告诉他性空，一切法不可得；执着空的人，你就告诉他，缘起法宛然在目。不坏一切法，这是真正的持戒。所以十波罗蜜在中道当中，也体现出持戒的重要性，不会破坏佛所制定的各种规则，破坏了这种规则，那就是凡夫心。

第三个回向，叫做等一切佛回向。你真正感受到一切行为、一切众生、一切空、一切有都跟佛、跟中道是平等的，所以第三回向位还是修忍辱。这个忍辱不是你打我，我忍着，而是人家讲空，你要忍可。他讲空是什么意思？

凡夫讲空，是鼠唧鸟空；二乘人讲空，是真正的性空，是执着于空；大乘菩萨讲空的同时，已经包含了有在里面了。你不要一看他讲空，就说："哎呀，你执着空。"他哪里执着空了？他讲空的时候，有已经在里面，是你有眼无珠，看不到。所以第三回向位，就是要等一切佛，忍可、忍受一切空有法门。

第四回向位是至一切处回向，是修精进。"至"，就是到；"一切处"就是十方法界，任何一个地方、任何一个角落，无论根也好，尘也好，财也好，色也好，名也好，利也好，都可以是。在财、色、名、食、睡，五欲六尘一切法当中，你不会逃避任何一法，所有一切法到了这里都是佛法，叫至一切处。同时在一切法当中，都显示出它的中道。因为一切法是有，有即是性空，空有不二即是中道，所以叫至一切处。很多人会找道场，挑剔道场，会这里不喜欢，那里不喜欢，实际上我们的心地就是道场，不需要选择。有了这样的精进心，就是依中道而精进，叫至一切处回向。

第五是无尽功德藏回向。在成佛的道路上，"具足功德"是什么意思呢？功，就是内在的功夫；德，有了功夫，表现在外的叫德。这个人的德行怎么样，一定要表现出来给别人看，才知道好不好。你说，"我这个人很慈悲"，但是你看到谁都骂，看到谁都生气，人家肯定会笑话你。如果你是慈悲的，要把你慈悲的德行表现出来。你说，"我定力很好"，结果人家三句话还没讲完，你就像火炮一样地冲出来了。你内在没有功夫，就表现不了外在的德行。内在有定的功夫、智慧的功夫，特别是具足禅定功德宝藏——四禅八定、出世间的灭尽定，乃至首楞严大定，这些你都具足了，叫无尽功德藏。任何一事、任何一尘，都能让你深入禅定，没有穷尽。如果没有功，你表现出来的德就只是福德。这个人福报很大、很庄严，也能说法，也能做事情，持戒很严谨，德行还不错，但是他心里很乱，别人不知道，这就是没有功。有德是基础，德培养好了，功就容易进展。内在有功，外在的德行一定会显示出来的；内在没有功，外在的德行显示不出来。

但是凡夫没有智慧眼，往往容易判断失误。就像小孩子不听话，父亲要打他。其实父亲打孩子都是心疼得受不了的，但是为了让他好，看他该打才打他，这就是父亲隐秘的功德。他打他才是真正的德，如果不打，就像现在很多家长把孩子宠坏了，让孩子经不起任何风吹雨打，一辈子受苦，那这位父亲是缺德的——缺乏让孩子承受打击的能力的德。你没有培养他，那么在苦短的人生当中，将来要受很多的打击，他会受不了。古人教育孩子教育得很好：很多古德家里很有钱，但是让孩子穿补丁的衣服；要求孩子吃饭的时候，碗里的饭一定要吃光；掉在地上的米饭一定要捡起来，哪怕不能吃也要放在桌上，珍惜粮食，珍惜已经拥有的福报。培养了这样的德行，孩子将来受到打击时承受能力就比较强。

现在人不知道惜福啊！古人说穿破衣服，穿补旧的衣服——补的旧衣服，穿简单的，吃简单的，不是为了吝财，而是为了惜福。要是父母没有能力，就教育不了孩子。如果有能力教育孩子，对于听话的孩子，给他讲讲就可以了；对于不听话的孩子，你要打他，把他的缺点掰过来，他总是有点痛苦的。你要教育一个人，让他断除烦恼，断除恶习，他总会觉得有点别扭。就像有些人觉得：吃素干吗，真不习惯！要那么多戒律干吗，真不习惯！他总是感觉有点痛苦，但实际上是为了他好。小孩子的判断往往失误，以为父亲打他是对他不好，他长大了就会懂得是对他好了。真正发菩提心的人，有时候遇到对他坏的人，也一样会感恩，因为他知道在坏人当中，他的心量会扩大得很快，他的习气也会消除得很快——他的嗔心就立即被消灭掉了，他的傲慢可能也没有地方施展了，这样以后他很容易遇到善知识。内在的禅定具足了，才是真正的功夫，显发在外，无穷无尽，叫无尽功德藏回向。

第六个回向，叫做随顺平等善根回向。第六回向位是修习般若智慧。一个大智慧的人，他会随顺众生的善根。他不会觉得：这个人善根真好，我很喜欢他；那个人善根不行，离他远一点。第六回向位的菩萨，他一定会随顺平等善根。对善根深的或者善根浅的众生，他都平等对待，只是给予的方法不同。有些人说：父母亲对我不平等。怎么能平等呢？自己的孩子之间本来就不一样嘛！这个孩子很有能力，他能很好地照顾自己，父母亲对他就放心一点，少关心一点；对于没有能力的孩子，父母亲对他就关心多一点。当父母亲的人是不是这样的？他一定会这样做，只有这样做才是平等的。有的孩子有一点能力了，心里会想：父母亲对弟弟这么好，对我就没这么好，他们不平等，我不理他们。其实父母亲是真正的平等，这叫随顺平等善根。对于徒弟也是一样的：有些徒弟很听话，告诉他怎么做，他就把事情做好了，你就把事情交给他做；有些徒弟不听话，你告诉他了，他懒得做，扭扭捏捏做了半天，还是做不好，耽误事，你总不会让他去耽误大家的事情吧，所以对于没有能力的徒弟，就让他少做一点；对于没有能力的徒弟，只要他有修行的方法，能精进用功，这就是恰到好处的方法，这就是平等了。第六回向位的菩萨，他不会观察哪个弟子善根深，就觉得他好，哪个弟子善根浅，就觉得他不好，绝对不会。他观察一切善根都是平等的，只是他给予的方法不同、对治不同而已，所以叫随顺平等善根回向。

第七回向位，是修行中道的方便智，叫随顺等观一切众生回向。就是平等观察一切众生，有善根也罢，没有善根也罢，能成佛也罢，不能成佛也罢，能修行也罢，不能修行也罢，有机会给他讲法你照样讲，这个方便是到达极致了。释迦佛身边的两位弟子，多闻第一的阿难和苦行第一的迦叶，都是第一流的阿罗汉。可是我们不知道，佛身边还有一位侍者叫做善星比丘。他是断善根的一阐提，一点善根都没有，他也给佛做侍者。佛讲三十七道品，刚讲完，下座离开了，侍者是跟随在后面的，这位侍者马上给大家说："佛说有三十八道品，刚才给你们少讲了一个。"大家就怀疑了，佛讲三十七道品，怎么还有三十八道品呢？他就是这么捣乱的，自己也不修行。根据当时的习俗，弟子应服侍师父睡下后才能休息。有一次佛在讲法，他见佛陀讲法讲了很久都不疲倦，就起了嗔恨心。他想到在王舍城中，如果有小孩子一直哭，父母就会吓唬说："再哭就把你交给薄拘罗鬼。"于是，他就吓唬佛陀："快回禅堂去，薄拘罗鬼来了！"你看，佛身边竟然还有这样的侍者！

所以我们不要挑剔，一定要这个人，一定要那个人。"师父的身边怎么还有那样的人？"不一定的。有很多人怀疑了："佛陀，您都成道了，怎么挑这样的人在身边？为什么不挑一个好弟子在身边呢？"佛说："他是断善根的一阐提，这一生得人身，给佛当侍者，死后就下地狱了。"你看，三十七道品，他说是三十八道品，他是这样无中生有地诽谤佛陀。有弟子问佛："既然是这样没有善根的人，您为什么还给他讲法？"佛说："种未来因。"虽然他这一生结束后会下地狱，但是在无量劫以后，总有一天善根会成熟，那么今天当侍者就种了他以后成佛的因。

有时候讲法度众生，不是让他现在就得利益，而是让他"一历耳根，永为道种"。在无尽的轮回当中，将来他总有一天遇到佛法，会想到"曾经某某法师讲过这句话"，就得受用了，这是种未来因。有些法是你这一生的将来要达到的，比如说今天讲证道位，我们大家现在都没有证道，但是将来会达到。还有些法是我们马上就得受用的。所以有三种情况：一种是未来很远以后才达到，一种是将来会达到，还有一种是现在就成熟了。佛能做到随顺等观一切众生，不管有善根没善根，他讲法的时候，对众生一定是平等不二，而不会说，给这样的人讲法白讲了。当有人说"我要去跟法师学法，要亲近善知识"，如果你对他说"你还不能去见法师，以后再去见吧"，这样很有可能会断这位众生的善根。他能见到佛，见到罗汉，见到正法的法师，哪怕他们不讲法，他都种下了无边的善根。你不要以为他见了法师，会给法师带来麻烦，其实是否带来麻烦，要看法师自己怎么去处理。所以我们不能断众生的善根，也不要想当然地以为"我给法师找了一大帮好人"，如果你要找好人，就到极乐世界去，那里全是好人。我们不能以这种凡夫的、斤斤计较的心来度众生，我们发菩提心护持正法，要能想到这个道理。

第八回向位，叫做真如相回向。"真如"，是真实不虚、如如不动，是无相的。没有相，那怎么以真如相去回向呢？真如是本体，没有相，但是一切万法都不离本体，不离真如，一切万法的相就是真如的相。当他度众生的愿、使众生回归中道的心生起来的时候，他很清楚地看到：在无相当中就具足一切相，一切相就是无相，都是如如不动的。每一位众生都是如如不动的，这叫真如相回向。我们曾经发起要度众生的菩提心，愿意利益一切众生成就佛道，在真如相回向当中，你发现你的这个心已经满足了。你想度一切众生，而一切众生已经平等，都是安住于如如不动、法尔如是的境界，法尔如是，就是这样，这叫真如相回向。

第九回向，叫做无缚解脱回向。你在回归中道实相的时候，要开始观察自己发的愿能否契入中道。如果按照别教的十回向位理论来说，这里的中道只是相似的中道；如果按照圆教的十回向位来说呢，就已经证入中道，不是相似的了，只是中道还不圆满，因为还有无明，还有想利益众生的这种力量。这种度众生的力量会成为你的障碍，成为你的束缚。你不想度众生，就升华不了你的生命，一旦想度众生了，想度众生的那颗心又会捆住你，让你不得自在。无缚解脱，就是你的愿成为度众生的力量的时候，回归中道，这个愿不再捆住你，所以叫做没有束缚的解脱。

第十回向叫做法界无量回向。法界所有的法"任持自性，轨生物解"，每一个法都有它自己的轨则、自己的界线、自己的特性，这叫法界。每一个法都有它的界线——手有手的界线，胳膊有胳膊的界线，脸有脸的界线，人、事、物都有各自的界线，这叫法界。这一切法各自分别这一切界，都清清楚楚、无量无边。所有的界线都很清楚，说一是一，说二是二。不懂法的人，从初住一直听到等觉、妙觉，听起来感觉都差不多，因为都是不可思议的境界。如果修证了以后，你就非常清楚，每个位次的界线都是不同的。我们现在在六道当中，人跟畜生我们是分得很清楚的，是不是？但其实表面上分清楚了，暗地里不一定分清楚，人的心里在暗地里可能比畜生还要可恶。所以在心行上，你也要给它分清楚，这叫法界无量回向。法界虽然分别了各种各样的界线，但是每一个法都是处在相似中道状态，所以叫法界无量。

6. 四加行

十回向满心以后，按《楞严经》的说法，还要修四加行。这个四加行是针对十地来说的，因为证悟的境界有圆教跟别教的区别，我们在教理上理解起来可能有点困难。跟别教相比，相同名称的位次，圆教的境界要高很多：圆教的初行、二行等于别教的等觉、妙觉；圆教的第三行，按别教排下来是佛的位次，而且已经听不到名字了；甚至于圆教的十回向，那更是无法理解了。我们借助别教的道次第来看，别教的十住、十行、十回向，相当于圆教的十信位，在别教十回向最后，他要登入初地见佛性。这里我是按别教的次第讲的，以便于大家能够相似地理解到，《楞严经》十回向到初地中间需要经过四加行的道理。

因为十回向是相似于中道。什么叫相似于中道呢？就是你在路上走，看见对面一个人过来了，在有一定的距离的时候，你按照他的身材、穿的衣服，判断他是你认识的某某人。其实你还没有真正见到，你的判断好像也不会错了，甚至你叫他，他回答的声音也差不多，但也有可能他跟你认识的某某人是双胞胎，而你看不出来。所以十回向是相似于中道，毕竟还没有真正见到。按别教来说，在十回向位满心的最后一刹那，他的心还安住于十回向，但是马上就要真正地见到它了，拐一个弯马上就要碰面了，这个时候他要经过暖、顶、忍、世第一这四个阶位。

暖位，就是很快要见到了。暖，是用钻木取火的这个比喻。过去取火苗，是用木头一直钻，木头钻烫了以后再继续钻，火就冒出来了。所以我们讲"修行犹如钻木取火"。光有暖气还不够，要直待火光现，叫"学道如钻火，逢烟未可休，直待金星现，归家始到头"①。所以在暖位还没有真正见到中道，但是只隔一层了，就像前面那个人走过来，越来越近、越来越近了。

顶位，就是到了相似中道的最高点，如登山顶，四面看去都很清楚。十回向位的菩萨，他观察空，观察有，观察相似中道的道理都了如指掌。他很清楚什么是涅槃、什么是小乘、什么是大乘、什么是从涅槃出来回归佛性，但是他脚跟还点在十回向位，所以还在山顶上，还没有在虚空中。身体在虚空中，脚还在山顶上，虽然是最高位，但是还停在那里，这叫顶位。

忍位，就是他要进行一个思想上的转变，就是忍可、认可，我现在所处的位置是相似的中道，但还不是中道，最后快要见到了。

世第一，就是世间没有超过这个的。

实际上在暖位的时候，他的第一个念头："我很快要见到中道了。" 到了顶位的时候，他第二个念头是："哦，我已经到顶了，接下来我就要见到中道了。" 在忍位和世第一位，他只剩下两个念头：忍位的时候他想："我现在的位置还不是中道。" 然后到了世第一位："那就见中道吧！" 所以在最后两个位次，他过去得很快，不会停留很久。世第一

————————
① 见《宗门拈古汇集》卷三十一。

位的这个念头，是十回向位当中的最后一个念头。

这四个念头，虽然《楞严经》中给它们安排了四个位次，但是他内心安住的境界还是在十回向位。古德对此有解释：在暖、顶、忍、世第一，他还是安住于前面的种种位次当中，并不是在单独的位次，但是在心态上、在念头上有很微细的变化。当变化形成了，在最后一刹那，一念跟中道相应，就见到佛性了。这是按照别教的十回向位来讲的，见中道，彻见佛性，也叫彻证佛性，就是真正地证得了，并且全身心安住于佛性当中。

7. 十地

十回向位以后，一念相应就证得初地，所以登地菩萨就哈哈大笑，叫欢喜地——欢天喜地，高兴得不得了。从十回向位开始，就想寻找中道，这是宇宙人生的真相，这扇大门终于打开了，因此他完全安住于中道当中。初地菩萨，他的心里面具足三种功德：空的功德、有的功德和中道的功德。"一切法皆空"，他讲空的时候，意识里面已经包含了有，包含了中道；他讲假，讲有，讲"我们大家要发心，要成佛"，已经包含了无所得，包含了中道；他讲成佛，讲中道，也同时包含了空和有在里面。所以一切语言文字到这里都成为局限，这是初地菩萨最欢喜的地方。他表现出来给人看，做出是有相，心里已经是无相了；他要想让自己的心安住于空性当中，什么相都没有，却已经包含了有。空、假、中，三谛圆融自在，这叫欢喜地。

第二地叫离垢地。实际上十地所修的内容跟十住是一样的，他们还在修十波罗蜜，但是他们是完全证得了中道的十波罗蜜，安住于法身常住当中。离垢地，就是修持戒。戒，就是离除一切烦恼垢。

第三地发光地，是修忍辱。忍辱就是智慧，就是光明。

第四地是焰慧地，火焰一样的智慧，就是修精进。你越精进越显示出你的智慧。

第五难胜地，是修禅定。没有谁能够胜得过你，一切动态当中都寂入禅定，叫常寂光——永远有光明，永远不动，没有人能够战胜，所以叫难胜地。

第六地叫做现前地——一切法真正地现在眼前。

第七地是修方便，叫远行地。远行地的菩萨具足了一切方便，就像具足了一切盘缠路费一样，什么工具都有了，他到哪里都很方便。远行地的后心，是把最后一层要度众生的愿提起来，一提起来，他就任运成佛，不需要再修行了。第七地菩萨，他具足了一切方便：中道的方便、中道的智慧、中道的禅定，都具足了。这时候他有一个障碍，就是还有一品无明，觉得"我已经成佛了，已经可以了"，这时候还需要佛来指导他。所以我们不要小看善知识，到了第七地的菩萨，最后还需要佛来点拨，还需要善知识。前面的每一个位次，其实都需要善知识。我们说"迷时师度，悟时自度"，是指你有自度的能力，在一帆风顺的时候可以往前走，但是万一你生起懈怠心了，就必须有善知识的指导。所以第七地的菩萨，他觉得自己已经具足成佛的功德，这时候佛就告诉他："你现在成佛入涅槃是不行的，你要度众生，在你的世界还有众生，你就还没有圆满，甚至还'有众生可度'，也不圆满。"这个时候，他就把过去"愿一切众生成佛"的愿，再拿出来温习：如果有一个众生还没有成佛，自己也不能成佛。他再用这种度众生的心去对照，发现其实没有一个众生不能成佛，于是他的心进入如如不动的境界，就到了第八地。

不取涅槃，而是去观察众生，这是第八地，叫不动地。不动地以后，才是任运成佛，不需要善知识，不需要佛来指导了。

第九地叫善慧地，就是他的智慧、善巧完全与中道、与众生、与佛、与十法界圆融一起。

第十地叫做法云地。云能够给我们遮阴，能够普降甘露法雨。佛法就像云一样。第十地的菩萨，说法如云布雨，大大小小的丛林都能够按照它的根机接受到法雨。《法华经》讲五种根机：小草、大草、小树、中树、大树。小草，得到少量的雨水；大草，得到较多的雨水；大树，得到更多的雨水。你善根有多深，就得到多少法雨；你的智慧有多高，就得到多少法雨。第十地的菩萨给众生说法，十地以下的任何菩萨听了，都能得到利益，知道前面该怎么走。

8. 等觉、妙觉

十地以后，叫做等觉。等觉菩萨是"如来逆流，如是菩萨，顺行而至，觉际入交"。什么意思呢？十地的等觉菩萨，是从分段生死和变易生死当中，一段一段地去了断，消除自己的业障，当他了断烦恼的这个过程快到成佛了，而佛呢，是来到这个世界度众生的，他去度众生的时候也经过这里了，这时候他们碰上了。等觉菩萨的船头是向着菩提的，佛度众生的船头是向着众生的，两个正好在这里擦肩了，平等了，因此叫等觉菩萨。

佛度众生是生生世世、无穷无尽，而且是无众生可度的。释迦佛早已成佛，在佛的世界，众生都成佛了，可是我们现在还在依照释迦佛讲的法修行，说明佛还一直在度众生，无有穷尽。

在最后这个位次，等觉菩萨修的是重玄三昧，这是最后一个法门。他要重新再回到十法界众生的位置上，观察众生的每一种心行状态。各种众生的状态，他都要去感受。我们现在所有的心态，等觉菩萨都要去感受一下：你现在谈恋爱，他要来感受谈恋爱的感觉；你现在失恋了，他要感受失恋的感觉；你现在杀人了，他要感受杀人的感觉。九法界众生所有的善恶是非等一切心态，等觉菩萨都要一一去感受，这样他度众生时才能够理解一切众生。所有感受都是佛性在显现，没有任何障碍。当他全部感受完了以后，最后他讲出那句话："无一众生而不具有如来智慧，但以妄想颠倒执着而不证得，若离妄想，一切智、自然智、无碍智则得现前。"这就圆满成就妙觉极果的佛了。

希望我们听了这些法，不管听得懂听不懂，都要用心去感受、去体会，落实在我们的心行当中。按照这样的道次第，从自己的见地、发心开始，慢慢地朝这个方向去努力。

阿弥陀佛！